संस्कारी कथा (COLOR)

AF103788

विवेक कुमार पाण्डेय शंभुनाथ

Copyright © Mr Vivek Kumar Pandey Shambhunath
All Rights Reserved.

ISBN 978-1-63997-181-7

This book has been published with all efforts taken to make the material error-free after the consent of the author. However, the author and the publisher do not assume and hereby disclaim any liability to any party for any loss, damage, or disruption caused by errors or omissions, whether such errors or omissions result from negligence, accident, or any other cause.

While every effort has been made to avoid any mistake or omission, this publication is being sold on the condition and understanding that neither the author nor the publishers or printers would be liable in any manner to any person by reason of any mistake or omission in this publication or for any action taken or omitted to be taken or advice rendered or accepted on the basis of this work. For any defect in printing or binding the publishers will be liable only to replace the defective copy by another copy of this work then available.

क्रम-सूची

प्रस्तावना v

भूमिका vii

1. तुकारामबीज : संत तुकाराम महाराजजी का सदेह वैकुंठगमन ! 1
2. लक्ष्मणजी की तपस्या ! 2
3. विभीषण प्रभु श्रीरामजी की शरण में ! 5
4. लंकादहन ! 8
5. राधाकुंड की निर्मिती ! 9
6. गोदावरी नदी की जन्मकथा 11
7. नामसम्मरण का महत्त्व : भक्त प्रल्हाद 13
8. भगवान शिवजी का गृहपति अवतार ! 15
9. भगवान शिवजीद्वारा त्रिपुरासुर का वध 17
10. तपस्या का फल ! 20
11. प्रभु श्रीराम की बहन शांता और ऋष्यश्रृंग 22
12. देवी लक्ष्मी कहां विराजमान रहती है ? 23
13. प्रभु श्रीराम तथा लक्ष्मण द्वारा मारीच और सुबाहु का वध ! 26
14. नरकासुर वध ! 29
15. भगवान श्रीकृष्ण द्वारा अर्जुन को उपदेश ! 31
16. भरत का बंधुप्रेम और पादसेवन भक्ति ! 33
17. राधा का चरणामृत ! 35
18. प्रभु श्रीरामजीद्वारा देवी अहिल्या का उद्धार 37
19. प्रभु श्रीराम की पितृभक्ति ! 39
20. भक्तवत्सल भगवान श्रीकृष्ण ! 41
21. गयासुर को मुक्ति देनेवाले भगवान श्री विष्णु ! 44
22. लक्ष्मण द्वारा शूर्पणखा का वध ! 46

क्रम-सूची

23. अनंत चतुर्दशी की कथा !　　　　　　　　　48

प्रस्तावना

ये किताब में संस्कारी कथा है जो लोगो को प्रकाशित करेगा ये किताब लिखने के दौरान कोई भी धर्म और कोई भी जाती को नुकसान नहीं पहुंचा या गया है और इस किताब को लिखा है श्री विवेक कुमार पांडे शंभूनाथ.

भूमिका

MY NAME IS VIVEK KUMAR PANDEY . I WAS BORN IN 30 SEP 2002,I AM FROM SURAT GUJARAT INDIA.MY DREAM WAS TO BE GOOD WRITERS ,MY FAMILY SUPPORTED ME TO SUCCESSFUL AND I CAN DO IT MY SELF.How do I write? That is a question, I believe, that cannot be honestly answered by me."CELEBRATING YOUNGEST WRITER AWARD WINNER IN GUJARAT 1ST RANK" MR PANDEY JI . I may think I did a good job writing something when in reality it could be horrible. The reader is the one who decides the quality of my writing. I do not find writing to be natural to me and therefore find it to be a real challenge. My trick as a challenged writer is to do the best I can and know that I am happy with the final outcome. It may take a while to do my best and there may be quite a few problems I run into along the way.

    I am not a greedy person those who are thinking about me and my self I never tried it anyone people suffering from sadness ,I trying to get promoted people suffering from happiness and joy in your Life Time. Now in current situation in India and also world people are unemployed and have no many but our indian governor help to people to get free food from ration card , i also take part in leadership team ,i am Motivational speaker , Film script writer. There was my two dream firstly writer and secondly actor & also my own film is upcoming soon i done almost completely completed script for my film .I AM GOING TO SAY WORD OF HEART TOUCH OUT PLEASE READ IT" , firstly i thanks my father he supports me in this field they always getting inspired me by own his words and behavior ,they always said that he was a biggest person in the world in future and also they purchase fruit and chocolate for me in anytime & anyway , firstly my father buy him then call me Vivek you want a chocolate i will say yes papa but how many tell me ,papa: you tell me how much i buy him i told 1 or 2 chocolate but my father purchase whole the boxes of chocolate and they get suprised me. MY FATHER WAS BORN IN " 20 SEPTEMBER" 1971

भूमिका

IN INDIA.

1) MY FATHER FAVORITE CLOTHES IS KURTA PAIJMA AND ALSO STYLES SHOE

2) FAVORITE SINGER IS KISHORE DA

3) FAVORITE STATE GUJARAT AND KOLKATA , HIS VILLAGE IN BIHAR

4) FAVORITE COLOR BLACK AND WHITE

THEY ALSO LOVE cricket like IPL and one day t-20 .they also like watching a News daily and heard the song daily ,they also interested in tik tok video but in current time tik tok is banned in india but also few videos are in you tube. In lockdown time my family and me very enjoy day daily. my father play daily ludo with his sister and son, daughter.they always loved tea and coffee anytime call me "। विवेक थोड़ा चाय बनाओना विवेक तुम्हारे हाथ का चाय अच्छा लगता है". I make it tea for my father but some reason after the April to june they are suffering from fever and cough , weakness on 6 June 2020 my father death. they not told me say bye bye his life. After death of 6 June on 10 june my mom and dad anniversary.but my father is Best in the world they can do anything for me please take care of father and respect it of your parents

1

तुकारामबीज : संत तुकाराम महाराजजी का सदेह वैकुंठगमन !

2
लक्ष्मणजी की तपस्या !

लक्ष्मणजी की तपस्या !

    प्रभु श्रीरामजी के तीनों भाई अर्थात् लक्ष्मण, भरत और शत्रुघ्न उनकी सेवा करते थे । वे श्रीरामजी को पिता समान मानते थे और उनकी आज्ञा का पालन करते थे । प्रभु श्रीरामजी के साथ लक्ष्मणजी वनवास गए थे ।

    प्रभु श्रीराम और लक्ष्मण इनमें अगाध प्रेम था । रावण के साथ जब महाभयंकर युद्ध हुआ था, तब लक्ष्मणजी ने रावण के पुत्र इंद्रजित का वध किया था । लक्ष्मणजी ने इंद्रजित का वध कैसे किया था, यह कथा अब हम सुनते है ।

    प्रभु श्रीरामजी जब रावण से युद्ध कर अयोध्या वापस लौटे तब उनसे मिलने अगस्त्य मुनि अयोध्या पहुंचे । दोनो में लंका में हुए युद्ध के बारें मे चर्चा होने लगी । उस समय प्रभु श्रीरामजी ने बताया कि किस तरह उन्होंने रावण और कुंभकर्ण जैसे वीरों का वध किया और अनुज लक्ष्मण ने भी इंद्रजीत और अतिकाय जैसे शक्तिशाली असुरों का वध किया । तभी अगस्त्य मुनि बोले, "हे श्रीराम, रावण और कुंभकर्ण प्रचंड वीर थे; परन्तु सबसे बडा वीर रावण का पुत्र इंद्रजीत ही था । इंद्रजीतने अंतरिक्ष में हुए युद्ध में इंद्र को बंदी बनाया और उन्हें लंका ले गया । ब्रह्माजी ने इंद्रजीत से दान के रूप में इंद्र को मांगा, तब उसने दिए दान के कारण इंद्र मुक्त हुए । लक्ष्मण ने उसका वध किया और केवल वही उसका संहार भी कर सकते थे ।"

    अगस्त्य मुनिजी से लक्ष्मण की वीरता की प्रशंसा सुनकर श्रीरामजी बहुत प्रसन्न हुए । साथ ही वे अचंभित भी हुए । उन्होंने अगस्त्य मुनिजी से पूछा, 'ऐसा क्या था कि केवल लक्ष्मण ही इंद्रजीत का वध कर सकता था ?' तब अगस्त्य मुनि ने बताया, "हे प्रभु ! इंद्रजीत को वरदान था कि उसका वध वही कर

सकता था जो चौदह वर्षों तक न सोया हो। जिसने चौदह वर्षों तक किसी स्त्री का मुख नही देखा हो। जिसने चौदह वर्षों तक भोजन न किया हो।"

प्रभु श्रीरामजी बोले, "परंतु मुनिवर, मैं वनवास काल में चौदह वर्षों तक नियमित रूप से लक्ष्मण के हिस्से का फल-फूल उसे देता रहा। मैं सीता के साथ एक कुटी में रहता था, बगल की कुटी में लक्ष्मण का निवास था, तो सीता का मुख भी न देखा हो और चौदह वर्षों तक सोए न हों, ऐसा कैसे हो सकता है?" प्रभु श्रीराम की सारी बात समझकर अगस्त्य मुनि मुस्कुराए।

श्रीरामजी स्वयं भगवान थे। उन्हें लक्ष्मण के बारें में सब पता था। परंतु वे चाहते थे कि लक्ष्मण के तप और वीरता के बारें में अयोध्या की प्रजा को भी ज्ञात हो।

प्रभु श्रीरामजी के मन की बात जानकर अगस्त्य मुनि बोले, "आपने योग्य सुना प्रभु, लक्ष्मण के अलावा कोई और इंद्रजीत को नहीं मार सकता था।" इंद्रजित के वध के बाद महाराज विभीषण ने भी श्रीराम से कहा था की, रावण के पुत्र इंद्रजीत का वध देवताओं के लिए भी संभव नहीं था। उसे तो केवल लक्ष्मणजी जैसा कोई महायोगी ही मार सकता था।

अगस्त्य मुनि ने श्रीरामजी से कहा कि क्यों न लक्ष्मणजी से ही यह बात पूछी जाए। लक्ष्मणजी आए तो श्रीरामजी ने कहा, "लक्ष्मण, आपसे जो पूछा जाए उसे सच-सच कहिएगा।" प्रभु बोले, "हम तीनों चौदह वर्षों तक साथ रहे फिर तुमने सीता का मुख कैसे नहीं देखा? तुम्हे खाने के लिए फल दिए गए फिर भी तुम १४ वर्ष बिना भोजन किए कैसे रहे? और तुम १४ वर्षों तक सोए भी नहीं? यह कैसे हुआ?" तब लक्ष्मणजी ने बताया, "भैया, जब हम भाभी को तलाशते ऋष्यमूक पर्वत पर गए, तो सुग्रीव ने हमें उनके आभूषण दिखाकर पहचानने को कहा था। आपको स्मरण होगा, मैं उनके पैरों के आभूषण के अलावा कोई अन्य आभूषण नहीं पहचान पाया था। क्योंकि मैंने कभी भी उनके चरणों के ऊपर देखा ही नहीं।"

चौदह वर्ष नहीं सोने के बारे में लक्ष्मणजी ने बताया, "आप और माता एक कुटिया में सोते थे। मैं रातभर बाहर धनुष पर बाण चढाए पहरेदारी करता था। निद्रादेवी ने मेरी आंखों पर पहरा करने का प्रयास किया, तो मैंने निद्रा को अपने बाणों से भेद दिया था। निद्राने हारकर स्वीकार किया कि वह चौदह वर्षो तक मुझे स्पर्श नहीं करेगी। परंतु जब श्रीरामजी का अयोध्या में राज्याभिषेक होगा और मैं उनके पीछे सेवक की तरह छत्र लिए खडा रहूंगा तब वह मुझे घेरेंगी। आपको याद होगा राज्याभिषेक के समय नींद के कारण मेरे हाथ से छत्र गिर गया था।"

लक्ष्मणजी ने आगे बताया कि, जब मैं वन से फल-फूल लाता था तब आप उसके तीन भाग करते थे । एक भाग देकर आप मुझसे कहते थे लक्ष्मण ये फल रख लो । आपने कभी फल खाने को नहीं कहां । तो आपकी आज्ञा के बिना मैं उसे खाता कैसे ? मैंने उन्हें संभाल कर रख दिया । सभी फल उसी कुटिया में अभी भी रखे होंगे ।'' प्रभु के आदेश पर लक्ष्मणजी चित्रकूट की कुटिया में से वे सारे फलों की टोकरी लेकर आए और दरबार में रख दी । फलों की गिनती हुई लेकिन ७ दिनों के फल कम थे । तब श्रीरामजी लक्ष्मणजी ने पूछा कि तुमने ७ दिन का आहार लिया था ?

तब लक्ष्मणजी ने बताया, ''प्रभु जिस दिन पिताश्री के स्वर्गवासी होने की सूचना मिली, हमने आहार के लिए फल नहीं लाएं । इसके बाद जब रावण ने माता सीता का हरण किया उस दिन भी हमनें आहार नहीं लिया । जिस दिन आप समुद्र की साधना कर उससे राह मांग रहे थे, उस दिन भी हमने आहार नहीं लिया । जब इंद्रजीत के नागपाश में बंधकर हम दिनभर अचेत रहे उस दिन और जिस दिन इंद्रजीत ने मायावी सीता का सिर काटा था उस दिन हमने शोक के कारण आहार नहीं लिया । इसके अलावा जिस दिन रावण ने मुझपर शक्ति से प्रहार किया और जिस दिन आपने रावण का वध किया, यह दोनों दिन भी हमनें आहार नहीं लिया । इन ७ दिनों में हम निराहारी रहे । इस कारण ७ दिनों का आहार कम है ।''

लक्ष्मणजी ने भगवान श्रीराम से कहा, 'मैंने गुरु विश्वामित्र से एक अतिरिक्त विद्या का ज्ञान लिया था । इससे बिना अन्न ग्रहण किए भी व्यक्ति जीवित रह सकता है । उसी विद्या से मैंने भी अपनी भूख नियंत्रित की और इंद्रजीत मारा गया ।''

3

विभीषण प्रभु श्रीरामजी की शरणे में !

विभीषण प्रभु श्रीरामजी की शरण में !

रावण के भाई विभीषण के रोकने के बाद भी रावण ने हनुमानजी की पूंछ पर रुई लगाकर उसे जला दिया था। जिससे रावण की पूरी लंका भस्मसात हो गई थी। उस भयंकर आग से केवल रावण के भाई विभीषण का भवन ही बच गया था। क्योंकी विभीषण धर्मनिष्ठ और नीतिवान थे। भलेही वे राक्षस कुल में जन्में थे; परन्तु वे सदाचारी और धर्म के नियमों का पालन करते थे।

रावण के साथ युद्ध करने प्रभु श्रीरामजी वानर सेना के साथ लंका पहुंचे। तब विभीषण ने रावण को धर्म के अनुसार आचरण कर माता सीता को मुक्त करने के लिए कहा। परंतु अधर्मी रावणने विभीषण का कहना न मानकर उसका अपमानही किया।

रावण से अपमानित होकर विभीषण दुःखी हुए। वह शिघ्रता से अपने चार अतिपराक्रमी साथियों के साथ आकाशमार्ग से उस स्थान पर पहुंचे जहां लक्ष्मण सहित प्रभु श्रीरामजी थे।

बुद्धिमान महापुरुष विभीषण ने आकाश में ही स्थित रहकर सुग्रीव तथा अन्य वानरों की ओर देखते हुए नम्रतापूर्वक कहां, "हे वानरराज ! मैं लंका के राजा रावण का छोटा भाई विभीषण हूं। मैं रावण के उस कुकृत्य से सहमत नहीं हूं, जो उसने सीताजी का हरण करके किया है। मैंने उसे सीताजी को लौटाने के लिए अनेक प्रकार से समझाया परन्तु उसने मेरी बात न मान कर मुझे अपमानित किया और मुझे लंका से निष्कासित कर दिया। इसलिए मैं यहां श्रीरामचन्द्र जी

की शरण में आया हूं । कृपया आप उन्हें मेरे आगमन की सूचना दें ।"

विभीषण की बात सुनकर सुग्रीव ने प्रभु श्रीरामजी के पास जाकर कहा, "हे राघव ! रावण का छोटा भाई विभीषण अपने चार मन्त्रियों सहित आपके दर्शन करना चाहता है । यदि आपकी अनुमति हो तो उन्हें यहां उपस्थित करूं । किन्तु मेरा विचार है कि हमें शत्रु पर सोच-समझ कर ही विश्वास करना चाहिए । एक तो राक्षस वैसे ही क्रूर, कपटी और मायावी होते हैं, और यह तो रावण का सगा भाई है । ऐसी स्थिति में तो वह बिल्कुल भी विश्वसनीय नहीं है । किन्तु आपकी जैसी आपकी आज्ञा हो, वैसा करूं ।"

सुग्रीव के तर्क सुनकर प्रभु रामचन्द्र जी बोले, "हे वानरराज ! आपकी बात सर्वथा युक्तिसंगत और हमारे हित में है, परन्तु राजाओं के दो शत्रु होते है । एक तो उनके कुल के व्यक्ति और दूसरे उनके राज्य के सीमा के निकट शासन करने वाले अर्थात पडोसी शासक । ये दोनों उस समय किसी राज्य पर आक्रमण करते हैं, जब राजा किसी व्यसन अथवा विपत्ति में फंसा हुआ होता है । विभीषण अपने भाई को विपत्ति में पडा देखकर हमारे पास आया है । वह हमारे कुल का नहीं है । हमारे विनाश से उसे कोई लाभ नहीं होगा । यदि हमारे हाथों से रावण मारा जाएगा तो वह लंका का राजा बन सकता है । इसलिए यदि वह हमारी शरण में आता है तो हमें उसे स्वीकार कर लेना चाहिए । शरणागत की रक्षा न करने से बडा पाप लगता है । इसलिए शरण आए विभीषण को अभय प्रदान करना ही उचित है । इसलिए आप उसे मेरे पास ले आओ ।"

जब सुग्रीव विभीषण को लेकर प्रभु श्रीरामजी के पास आया, तो विभीषणने दोनों हाथ जोडकर कहां, "हे धर्मात्मा, मैं लंकापति रावण का छोटा भाई विभीषण हूं । आप शरणागतवत्सल है । इसलिए आप मेरा उद्धार कीजिए ।" विभीषण के वचन सुनकर प्रभु श्रीरामजी ने उसे गले से लगाते हुए कहां, "हे विभीषण ! मैंने तुम्हें स्वीकार किया । अब तुम मुझे राक्षसों का बलाबल बताओ ।" श्रीरामजी का प्रश्न सुनकर विभीषण बोला, "हे दशरथनन्दन ! दस मुखोंवाले रावण को ब्रह्माजी से वर मिला है । इस कारण देव, दानव, नाग, किन्नर आदि कोई भी उसे नहीं मार सकते । उसका छोटा भाई कुम्भकर्ण, पराक्रमी, शूरवीर तथा तेजस्वी है । उसके सेनापति प्रहस्त ने कैलाश पर्वत पर दुर्दमनीय मणिभद्र को पराजित किया था । रावण के पुत्र मेघनाद ने तो इन्द्र को परास्त किया था । मेघनाद का भाई पराक्रमी राक्षस है । सभी युद्ध कौशल में निपुण है ।

यह सुनकर श्रीरामजी बोले, "हे विभीषण ! यह सब मैं जानता हूं । मै प्रतिज्ञा करता हूं कि मैं रावण का उसके पुत्रों, मन्त्रियों और योद्धाओं सहित वध करके

तुम्हें लंका का राजा बनाऊंगा । अब रावण की मृत्यु निश्चित है । यह मेरी अटल प्रतिज्ञा है । श्री रामचन्द्र जी की प्रतिज्ञा सुनकर विभीषण ने उनके चरण स्पर्श किया और कहां, "हे राघव ! मैं भी आपके चरणों की शपथ लेकर प्रतिज्ञा करता हूं कि मैं रावण को उसके वीर योद्धाओं सहित मारने में आपकी सहायता करूंगा ।"

विभीषण की प्रतिज्ञा सुनकर प्रभु श्रीरामचंद्रजी ने भ्राता लक्ष्मण से समुद्र का जल मंगवाया । उस जलसे विभीषण का अभिषेक किया और सम्पूर्ण सेना में घोषणा करा दी कि आज से महात्मा विभीषण लंका के राजा हुए ।

4
लंकादहन !

5

राधाकुंड की निर्मिती !

राधाकुंड की निर्मिती !

राधाकुंड

कार्तिक अष्टमी का पर्व प्राचीन काल से मनाया जाता है । इसी से जुडे राधा कुंड से संबंधित प्रचलित कथा अब हम सुनेंगे ।

एक बार कंस ने भगवान श्रीकृष्ण का वध करने के लिए अरिष्टासुर नाम के दैत्य को भेजा । अरिष्टासुर गाय के बछडे का रूप लेकर श्रीकृष्ण की गायों में शामिल हो गया और उन्हें मारने लगा । भगवान श्रीकृष्ण ने बछडे के रूप में छिपे दैत्य को पहचान लिया । श्रीकृष्ण ने उसको पकडा और भूमी पर पटक पटककर उसका वध कर दिया । यह देखकर राधा ने श्रीकृष्ण से कहा, "असुर तो गौ का रूप धारण कर के आया था, परन्तु गौ के रूप में असुर का वध करने से आपको गौ-हत्या का पाप लग गया है । इस पाप से मुक्ति हेतु आपको सभी तीर्थों के दर्शन करने चाहिए ।"

राधा की बात सुनकर श्रीकृष्ण ने देवर्षि नारद से इसका उपाय पूछा । देवर्षि नारद ने उन्हें बताया, "भगवान, आप सभी तीर्थों का आवाहन करें और उन्हें जल रूप में यहां बुलाएं । उन तीर्थों के जल को एकसाथ मिलाकर उससे स्नान करने से आपको गौ हत्या के पाप से मुक्ति मिल जाएगी ।" देवर्षि नारद के कहने पर श्रीकृष्ण ने अपनी बांसुरी से एक छोटा सा कुंड खोदा और सभी तीर्थों के जल को उस कुंड में आने की प्रार्थना की । भगवान श्रीकृष्ण की प्रार्थना सुनकर सभी तीर्थ वहां जल रूप में आ गए ।

भगवान श्रीकृष्णकुंड में एकत्रित उस जल से स्नान करके पापमुक्त हो गए । उस कुंड को 'कृष्ण-कुंड' कहा जाता है, जिसमें स्नान करके श्रीकृष्ण गौहत्या के

पाप से मुक्त हुए थे । सभी तीर्थों का अंश जल रूप में कृष्णकुंड में है । यह कुंड मथुरा में है ।

श्रीकृष्ण द्वारा बने कुंड को देख राधा ने भी उस कुंड के पास अपने कंगन से एक और छोटा सा कुंड खोदा । भगवान श्रीकृष्ण ने जब उस कुंड को देखा तो उन्होंने कहां, "राधा तुमने बनाया यह कुंड मेरे बनाएं कुंड से भी अधिक प्रसिद्ध होगा ।" देवी राधा द्वारा बनाया गया कुंड 'राधा-कुंड' के नाम से प्रसिद्ध हुआ । कार्तिक अष्टमी तिथि पर इन कुंडों का निर्माण हुआ था, जिसके कारण कार्तिक अष्टमी को यहां स्नान करने का विशेष महत्व है ।

6

गोदावरी नदी की जन्मकथा

गोदावरी नदी तट

आपने कभी नहाते समय बोला जानेवाला एक मंत्र सुना है ?

गंगे च यमुने चैव गोदावरी सरस्वती ।
नर्मदे सिंधु कावेरि जलेऽस्मिन् सन्निधिं कुरु ॥

इस श्लोक का अर्थ है, हे गंगा, यमुना, गोदावरी, सरस्वती, नर्मदा, सिंधु, कावेरी नदियों ! मेरे स्नान के इस जल में आप सभी पधारिये और मुझे पवित्र कीजिए ।

यह श्लोक आपने दादा-दादी अथवा नाना-नानी को कहते सुना होगा । यह सभी नदियां हमारे लिए पवित्र हैं । आज हम इनमें से एक वंदनीय गोदावरी नदी की कहानी सुनेंगे ।

भगवान शिवजी के बारह ज्योतिर्लिंग हमारी पवित्र भारतभूमी पर हैं । इन बारह ज्योतिर्लिंगों में तीसरे स्थान पर आता है, महाराष्ट्र के नासिक जिले में गोदावरी नदी के तट पर विराजमान श्री त्र्यम्बकेश्वर ज्योतिर्लिंग ! यह ज्योतिर्लिंग ब्रह्मगिरी पर्वत के निकट स्थित है और ब्रह्मगिरी पर्वत से ही गोदावरी नदी का उद्गम होता है ।

भगवान शिवजी के तीन नेत्र होने के कारण उन्हें त्र्यम्बकेश्वर कहा जाता है । यह उस समय की बात है जब महर्षि गौतम पर गौ हत्या का झूठा आरोप लगा था । इस आरोप के कारण महर्षि गौतम ने दूर एक वन में जाकर भगवान शिवजी की आराधना करनी आरम्भ की । महर्षि गौतम का निश्चय इतना दृढ

था की उन्होंने धूप, गर्मी, ठंड, बारिश एवं जंगली जीवों का भय न रखते हुए अपनी तपस्या जारी रखी । उन्होंने बडा कठोर तप किया । उनकी भक्ति और कठोर तपस्या के कारण वन का वह भाग जिसे उन्होंने अपनी तपोभूमि बनाया था वहां दिव्य तेज उत्पन्न हो गया । उनकी भक्ति से प्रसन्न होकर भगवान शिवजी ने उन्हें दर्शन दिए और मनोवांछित वर मांगने को कहा । तब उन्होंने भगवान भोलेनाथ से कहा, "प्रभु यदि मेरी भक्ति सच्ची है, तो कृपा करके यहां देवी गंगा को नदी के रूप में भेजें । जिससे मुझ पर लगा गौ हत्या का आरोप झूठा साबित हो जाएगा ।"

तब भगवान शिवजी ने कहा, "हे ऋषि गौतम, देवी गंगा पहले से ही धरती पर विराजमान है और उन्हें वहां से यहां स्थानांतरित नहीं किया जा सकता । परन्तु देवी गंगा के स्थान पर देवी गोदावरी यहां नदी के रूप में स्वयं विराजमान रहेंगी और उनकी उत्पत्ति ब्रह्मगिरी पर्वत से होगी ।" भगवान शिवजी के इतना बोलते ही ब्रह्मगिरी पर्वत से जल की अविरल धारा बहने लगी ।

वहां देवी गोदावरी नदी प्रकट होकर उनके शीतल और पवित्र जल ने नदी का रूप ले लिया । परन्तु महर्षि गौतम तो वहां गंगा को लाना चाहते थे । गंगा नदी के स्थान पर वहां गोदावरी नदी के आनेसे उनपर लगा झूठा आरोप तो मिट गया; परन्तु उनके मन की संतुष्टी नहीं हुई । देवी गोदावरी को गौतम ऋषि की मन की स्थिति समझ में आई । उन्होंने भगवान शिवजी से प्रार्थना की, "हे शिवजी, आप यहां ज्योतिर्लिंग के रूप में विराजमान हो जाएं ।" भगवान शिवजी ने देवी गोदावरी की यह बात सहर्ष स्वीकार कर ली और कहा की आज से यह ज्योतिर्लिंग 'त्र्यम्बकेश्वर' के नाम से जाना जाएगा । जो भी मनुष्य सच्चे मन और उचित भावना से गोदावरी नदी में स्नान करने के बाद इस ज्योतिर्लिंग के दर्शन करेगा उसकी सभी इच्छाएं पूरी हो जाएंगी । इसलिए गोदावरी नदी मां गंगा के समान पवित्र है ।

ऋषि गौतम से संबंध जुड जाने के कारण गोदावरी नदी को गौतमी के नाम से भी जाना जाता है । इस नदी में स्नान करने से सारे पाप धुल जाते हैं, इसलिए इसको 'वृद्ध गंगा' और 'प्राचीन गंगा' के नाम से भी जाना जाता है । गोदावरी नदी भारत के चार राज्य महाराष्ट्र, तेलंगाना, छत्तीसगढ और आंध्रप्रदेश में बहती है ।

7
नामस्मरण का महत्त्व : भक्त प्रल्हाद

नामस्मरण का महत्त्व : भक्त प्रल्हाद
  भक्त प्रल्हाद और श्री नृसिंहजी
आज हम देवता के नामजप का महत्त्व और उसमें कितनी शक्ति होती है, यह, कथा के माध्यम से जानने का प्रयास करेंगे ।

जो देवता का नामजप करता है, वह देवता का भक्त हो जाता है । देवता अपनी भक्तों की सदा रक्षा करते हैं । भगवान ने भक्तों को वचन दिया है, 'न मे भक्त: प्रणश्यती ।' अर्थात 'मेरे भक्तों का कभी नाश नहीं होता ।

आज हम देवता का अखंड नामजप करनेवाले एक ऐसे भक्त की कथा सुननेवाले हैं, जिसकी असीम भक्ति के कारण देवता उसकी रक्षा के लिए प्रकट हुए थे ।

आप सब भक्त प्रल्हाद के विषय में जानते ही होंगे । भक्त प्रल्हाद के पिता हिरण्यकश्यपू थे । वे देवताओं का अनादर करते थे और अहंकारवश स्वयं को देवताओं से श्रेष्ठ समजते थे ।

परंतु, भक्त प्रल्हाद सदैव 'नारायण, नारायण' यह जप करते थे । इसलिए, हिरण्यकश्यपू प्रल्हाद पर बहुत क्रोध करते थे । उसको क्रोध से कहते थे, 'तुम देवता का नाम नहीं जपना । मैं देवताओं से श्रेष्ठ हूं, मेरा ही नाम जपना । यदि तुमने ऐसा नहीं किया, तो मैं तुम्हें जीवित नहीं छोडूंगा ।' तब भक्त प्रल्हाद कहता, 'नारायण मेरे सर्वस्व हैं, मैं उनका नाम जपना नहीं छोडूंगा और पुन: वे 'नारायण, नारायण' जाप करना आरंभ करता । भक्त प्रल्हाद नामस्मरण

करना बंद नहीं कर रहा, इसे देखकर हिरण्यकशिपू का क्रोध बढता ही चला गया । उन्होंने अब प्रल्हाद को मार डालना सुनिश्चित किया । उसके लिए उन्होंने भक्त प्रल्हाद को उबलते तेल की कढाई में फेंका, आग में फेंका और गहरी खाई में भी फेंका; परंतु भक्त प्रल्हाद को कुछ भी नहीं हुआ । अपने पिता द्वारा इतने अत्याचार किए जाते समय भी वह अखंडरूप से 'नारायण, नारायण' जाप कर रहा था । ईश्वर का निरंतर नामस्मरण करने से ईश्वर ने ही अनेक कठिन प्रसंगों में उसकी रक्षा की । भक्त प्रल्हाद का किसी भी उपाय से नाश न होता हुआ देखकर एक दिन हिरण्यकशिपू ने उससे पूछा, ''तू जिस ईश्वर का नाम लेता है, वह ईश्वर है कहां ? क्या वह इस खंबे में है ?', ऐसा पूछकर उन्होंने क्रोध से उस खंबे को लात मार दी । तब वह खंबा टूटकर उसके २ टुकडे हुए और उससे नारायण अर्थात श्री विष्णुजी नृसिंहजी के रूप में प्रकट हुए । श्री नृसिंहजी ने अपने भक्त के साथ अन्याय करनेवाले हिरण्यकश्यपू का वध कर अपने भक्त की रक्षा की ।

इस कथा से हमने क्या सिखा ? यदि हम ईश्वर के भक्त बन गए, तो वे प्रत्येक संकट में हमारी रक्षा करते हैं । तो हमें ईश्वर का भक्त होने के लिए क्या करना होगा ?, तो ईश्वर का नामजप करना होगा । तो मित्रो, क्या हम सभी आज से ही नामस्मरण करेंगे ना ?

अब हम सभी के मन में यह प्रश्न उठा ना कि मैं कौनसा नामजप करूं ? सभी को ऐसा लगा ना कि मैं कौनसे देवी देवता का नाम लूं ?

हमें अपनी कुलदेवता का नामजप करना चाहिए । छत्रपति शिवाजी महाराज भी निरंतर 'जगदंब, जगदंब', ऐसा उनकी कुलदेवता का नामस्मरण करते थे । इसके साथ ही हम सभी छात्र हैं; इसलिए हम विद्या के देवता श्री गणेशजी का 'श्री गणेशाय नम: ।' नामजप भी करेंगे ।

8

भगवान शिवजी का गृहपति अवतार !

भगवान शिवजी का गृहपति अवतार !

भगवान शिवजी

भगवान विष्णु के अनेक अवतार हुए हैं, वैसेही भगवान शिवजी के भी अवतार हुए है । भगवान शिवजी के अनेक अवतारों में से सातवे अवतार है गृहपति । आज हम उनके इस अवतार की कथा सुनेंगे ।

नर्मदा नदी के तट पर धर्मपुर नाम का एक नगर था । वहां विश्वानर नाम के एक ऋषि और उनकी पत्नी शुचिष्मती रहती थी ।

बहुत काल तक उनकी कोई भी संतान नहीं थी । एक दिन शुचिष्मती ने अपने पति से कहा, "स्वामी, हमारा भगवान शिवजी के समान पुत्र हो, ऐसी मेरी इच्छा है ।" पत्नी की इच्छा पूर्ण करने के लिए ऋषि विश्वानर काशी गए । वहां पर उन्होंने घोर तप के द्वारा भगवान शिवजी के वीरेश लिंग की आराधना की ।

एक दिन ऋषि को वीरेश लिंग के मध्य एक बालक दिखाई दिया । उन्होंने बालरुप धारण किए हुए शिवजी की पूजा की । ऋषी विश्वानर द्वारा की गयी भावपूर्ण पूजा से शिवजी प्रसन्न हो गए । भगवान शिवजी ने उन्हें वरदान दिया कि शुचिष्मति के गर्भ से वे अवतार लेंगे । कुछ कालांतर बाद भगवान शिवजी शुचिष्मती के गर्भ से पुत्ररुप में प्रकट हुए । पितामह ब्रह्माजी ने उस बालक का नाम गृहपति रखा ।

गृहपति की आयु बढने लगी । एक बार देवर्षि नारद गृहपति के दर्शन करने आ गए । उन्होंने गृहपति को देखा और ऋषि विश्वानर से कहा, "मुनिवर, यह बालक

सर्वगुण सम्पन्न है; किन्तु बारह वर्ष की आयु में इसे बिजली अथवा अग्नि द्वारा भय उत्पन्न होगा ।" यह सुनकर ऋषि विश्वानर दुःखी हो गए । ऋषि विश्वानर और शुचिष्मती को गृहपति की चिंता होने लगी । अपने माता-पिता को चिंतित देखकर बालक गृहपति ने उन्हें समझाया, "मां-पिताजी, आप दुःखी न हो । मैं भगवान मृत्युञ्जय की आराधना कर के महाकाल को प्रसन्न करूंगा । इसलिए आप लोग निश्चिन्त रहे ।"

इसके बाद गृहपति काशी गए और भगवान विश्वनाथ का दर्शन किया । उन्होंने शुभ मुहूर्त पर शिवलिंग की स्थापना की और शिवजीकी आराधना करने लगे । कुछ दिनों के बाद देवराज इन्द्र प्रकट हुए । उन्होंने कहा, "गृहपति, मैं आपकी आराधना से प्रसन्न हुआ हूं । कोई वरदान मांगे ।" परन्तु गृहपति ने उनसे कहा, "मैं आपसे वरदान की कामना नहीं करूंगा, क्योंकि मेरे वरदायक केवल भगवान शिव ही है ।" यह सुनकर देवराज इन्द्र अत्यंत क्रोधित होकर गृहपतिपर प्रहार करने आगे बढे । उसी समय भगवान शिवजी प्रकट हो गए । शिवजीने बताया, "गृहपति, देवराज इन्द्रदेव के माध्यम से मैं ही तुम्हारी परीक्षा ले रहा था । तुम उस परीक्षा मे सफल हो गए हो । अब तुमपर यमराज का भी प्रभाव नहीं पडेगा । तुमने जिस शिवलिंग की स्थापना की है, वह अग्निश्वर नाम से प्रसिद्ध होगा । इस शिवलिंग का दर्शन करने से व्यक्ति बिजली और अग्नि से भयभीत और पीडित नही होगा ।"

हमारे शरीर में जो जठराग्नि है, वह ही भगवान शंकर का गृहपति अवतार है । भूख लगने पर हम जो अन्न ग्रहण करते हैं, उसी से हमारे शरीर का पोषण होता है और प्राण को संतुष्टि प्राप्त होती है ।

गृहपति की इस कथा से हमें संदेश मिलता है कि, जठराग्नि को शांत करने के लिए जो भी कार्य करें वह धर्म के अनुसार हो । अर्थात भोजन मिलने हेतु के लिए हम जो धन कमाते है, वह प्रमाणिकता से कमाया हुआ धन ही हो । हम जो भी कार्य करें, वह भगवान को प्रसन्न करने के लिए करना है । अर्थात भोजन प्राप्ति के लिए हम कोई कार्य कर रहे हैं तो उसका माध्यम पवित्र तथा धर्मानुसार होना चाहिए और इस कार्य में किसी का अहित नहीं होना चाहिए । तभी हमारा कार्य सफल होगा ।

9

भगवान शिवजीद्वारा त्रिपुरासुर का वध

भगवान शिवजीद्वारा त्रिपुरासुर का वध

भगवान शिवजी

आज हम त्रिपुरारी पूर्णिमा से जुडी त्रिपुरासुर के वध की कथा सुनते है । भगवान कार्तिकेय ने तारकासुर का वध किया था । उसके बाद तारकासुर के तीन पुत्रों ने देवताओं से बदला लेने का निश्चय कर लिया । तीनों असुरों के नाम थे – तारकाक्ष, कमलाक्ष और विद्युन्माली । देवताओं को पराजित करने के उद्देश्य से तीनों तपस्या करने के लिए जंगल में चले गए । उन्होंने हजारों वर्ष तक अत्यंत कठोर तप किया । उनके कठोर तप से ब्रह्माजी प्रसन्न हुए और उनके सामने प्रकट हो गए । तीनों ने ब्रह्माजी का वंदन किया और कहा, "ब्रह्माजी हमने आपको प्रसन्न करने के लिए कठोर तप किया है । आप हमें अमरता का वरदान दें ।" तब ब्रह्माजी बोले, "मैं आपको अमरता का वरदान नहीं दे सकता; परन्तु तुम कोई ऐसी शर्त रख लो, जो अत्यंत कठिन हो, जिसके पूर्ण होने पर ही आपकी मृत्यु होगी । उसका वरदान मैं तुम्हें दे सकता हूं ।"

तीनों ने बहुत विचार किया और ब्रह्माजी से वरदान मांगा, "हे प्रभु ! आप हमारे लिए तीन तारों पर तीन नगरों का निर्माण करें । वे तीनों तारें अर्थात नगर जब अभिजित नक्षत्र में एक पंक्ति में आएंगे और उसी समय कोई व्यक्ति अत्यंत शांत अवस्था मे हमें मारेगा, तभी हमारी मृत्यु होगी और हमें मारने के लिए उस व्यक्ति को एक ऐसे रथ और बाण की आवश्यकता होगी जो बनाना असंभव हो । केवल उससे ही हमारी मृत्यु हो ।" उनकी इच्छा सुनकर ब्रह्माजी ने कहा,

"तथास्तु ! आप तीनों के इच्छा के अनुसार ही होगा ।"

तीनों असुरों को मिले वरदान के अनुसार ब्रह्माजी ने उन्हें तीन तारों पर तीन नगर निर्माण करने के लिए विश्वकर्माजी को आज्ञा दी । विश्वकर्माजी ने तारकाक्ष के लिए स्वर्णपुरी, कमलाक्ष के लिए रजतपुरी और विद्युन्माली के लिए लौहपुरी का निर्माण कर दिया । ब्रह्माजीसे वरदान प्राप्त होने के बाद तीनों असुर उन्मत्त हो गए । उन्होंने सातों लोकों में आतंक मचाया । इन तीनों असुरों को ही त्रिपुरासुर कहा जाता था । त्रिपुरासुर जहां भी जाते वहां सज्जनों को सताते रहते । उन्होंने देवताओं को भी देवलोक से बाहर निकाल दिया ।

त्रिपुरासुर के आतंक से त्रस्त होकर उन्हें हराने के लिए सभी देवता एकत्रित हुए । सभीने अपना सारा बल लगाया, परन्तु त्रिपुरासुर का प्रतिकार नहीं कर सके । अंत में सभी भगवान शिवजी के शरण में गए । देवताओं ने कैलाश पर्वत पर जाकर शिवजी को पूरा वृत्तांत बताया । तब भगवान शंकर ने कहा, "आप सभी देवता मिलकर प्रयास करें ।" देवताओं ने कहा, "प्रभु, हम सभी ने मिलकर त्रिपुरासुर का वध करने का प्रयास किया, परंतु कुछ नही कर पाएं । हम आपकी शरण में आए है । आप ही हमारी रक्षा कर सकते है ।" तब शिवजीने कहा, "मैं अपना आधा बल तुम्हें देता हूं । इस बल की सहायता से प्रयास करके देखो ।" शिवजीने अपना आधा बल देवताओं को दिया; परन्तु देवता उनका आधा बल सहन नही कर पाएं । तब शिवजी ने स्वयं त्रिपुरासुर का संहार करने का संकल्प लिया ।

अब त्रिपुरासुर का वध करने के लिए रथ और धनुष बाण सिद्ध करना आवश्यक था । भगवान शिवजीने पृथ्वी को ही उनका रथ बनाया । सूर्य और चन्द्रमा को उस रथ के पहिए बनाए । सृष्टा सारथी बने, भगवान विष्णु बाण बनें, मेरू पर्वत धनुष और वासुकी बने उस धनुष की डोर । सभी देवताओं ने अपने बल से वह रथ संभाल लिया । इस प्रकार असंभव रथ सिद्ध हुआ ।

भगवान शिवजी उस रथ पर सवार हुए, उनकी शक्ति के कारण वह रथ भी डगमगाने लगा । तभी विष्णु भगवान वृषभ बनकर उस रथ में जुडे । घोडों और वृषभ की पीठ पर सवार होकर महादेव ने उस असुर नगरों को देखा । अपने धनुष्य पर बाण रख उन्होंने पाशुपत अस्त्र का संधान किया और तीनों तारों को (नगरों) को एक पंक्ति में आने का आदेश दिया ।

अभिजित नक्षत्र में तीनों नगर एक पंक्ति में आते ही भगवान शिवजी ने अपने बाण से तीनों नगरों को जलाकर भस्म कर दिया । इसमें तीनों आसुरों का भी अन्त हो गया । तभी से भगवान शिवजी त्रिपुरांतक बन गए । त्रिपुरांतक का अर्थ है – तीन पुरों का अर्थात नगरों का अंत करनेवाले ।

भगवान शिवजी ने जिस दिन त्रिपुरासुर का वध किया वह दिन था कार्तिक पूर्णिमा । इस पूर्णिमा को 'त्रिपुरारी पूर्णिमा' भी कहते है । इस दिन घर में, घर के बाहर और मंदिरों में दीयों की आरास बनाकर उनकी पूजा की जाती है और आनंदोत्सव मनाया जाता है ।

10
तपस्या का फल !

तपस्या का फल !

    बहुत वर्ष पूर्व ऋषि-मुनी भगवान को पाने के लिए कठोर तपस्या करते थे । यह तपस्या कैसी रहती थी ? एक पांव पर खडे होकर नमस्कार की मुद्रा में भगवान का नामजप करना, पानी में नमस्कार की मुद्रा में खडे रहकर अखंड भगवान का नामजप करना, हिमालय जैसे पर्वत पर जाकर अत्यंत ठंड में एक ही जगह अनेक वर्षों तक बैठकर नामजप करना इस प्रकार तपस्या की जाती थी । तपस्या के समय न कुछ खाया जाता था, न ही पानी पीया जाता था । इसी प्रकार कठोर तपस्या करने के बाद भगवान भक्त पर प्रसन्न होकर उन्हें आशीर्वाद देते थे ।

    इसी प्रकार भगवान शंकर को पति के रूप में पाने के लिए माता पार्वती कठोर तपस्या कर रही थी । तपस्या के समय वह भगवान के चिंतन में ध्यानमग्न बैठी थी । उनकी तपस्या पूर्ण ही होनेवाली थी कि उसी समय उन्हें एक बालक के डुबने की चीख सुनाई दी । माता तुरंत उठकर वहां पहुंची । उन्होंने देखा एक मगरमच्छ बालक को पानी के अंदर खींच रहा है ।

    वह बालक अपने प्राण बचाने के लिए प्रयास कर रहा था, तथा मगरमच्छ उसे खाने का प्रयास कर रहा था । अत्यंत करुणामयी माता पार्वती को बालक पर दया आई । माता ने मगरमच्छ से निवेदन करते हुआ कहा, "बालक को छोड दो, इसे आहार न बनाओ ।" उस पर मगरमच्छ बोला, "माता यह मेरा आहार है, मुझे हर छठे दिन भूख मिटाने के लिए जो पहले मिलता है, वह मेरा आहार होता है । मेरा आहार ब्रह्मा ने निश्चित किया है ।" माता पार्वती ने फिर कहा, "आप इसे छोड दे । इसके बदले मैं अपनी तपस्या का फल आपको दूंगी ।" पार्वती माता ने बालक के प्राणों की रक्षा के लिए अपने कठोर तपस्या का फल दांव पर लगाया । मगरमच्छ

ने भी उसे स्वीकार किया । पार्वती माता ने उसी समय संकल्प किया और अपनी पूरी तपस्या का पुण्यफल उस मगरमच्छ को दे दिया ।

मगरमच्छ को माता के तपस्या का फल प्राप्त होने के कारण वह सूर्य के जैसे चमक उठा । उसकी बुद्धि भी शुद्ध हो गई । उसने कहा, ''माता आप अपना पुण्य वापस ले लें । मैं इस बालक को छोड दूंगा ।'' माता ने तो वचन दिया था, इसलिए उन्होंने तपस्या का फल वापस लेने से मना कर दिया । और वह बालक को गोद में लेकर ममता से दुलारने लगी । बाद में माता ने उस बालक को उसके घर सुरक्षित लौटा दिया और वे अपने स्थान पर वापस आ गई । भगवान शिवजी को प्राप्त करने हेतु उन्होंने पुनः तप करना आरम्भ किया । उसी समय भगवान शिवजी माता पार्वती के सामने प्रकट हो गए । भगवान शिवजी उन्हें बोले, ''पार्वती, अब तुम्हें तप करने की आवश्यकता नही है । हर प्राणी में मेरा ही वास है, तुमने उस मगरमच्छ को अपने तप का जो फल दिया वह मुझे ही प्राप्त हुआ । इसलिए तुम्हारे तप का फल अनंत गुना हो गया है । तुमने करुणा और ममता से द्रवित होकर बालक की रक्षा की । इसलिए मैं तुम पर प्रसन्न हूं और तुम्हें अपनी पत्नी के रूप में स्वीकारता हूं ।''

कथा का सारांश यही है कि जो अन्यों के हित की कामना करता है, उसपर भगवान की असीम कृपा होती है । जो जीव असहायों की सहायता करता है, जो दयालु और करुणाकारी होता है, भगवान उसे स्वीकार करते हैं । इससे हमें यह सीख मिलती है कि हम स्वार्थ का त्याग कर निस्वार्थ रूप से भक्ति करेंगे तो भगवान की प्राप्ति होती है । इस प्रसंग से शिक्षा लेकर हम सभी भगवान की निस्वार्थ भक्ति करेंगे ।

11

प्रभु श्रीराम की बहन शाँता और ऋष्यश्रृंग

12

देवी लक्ष्मी कहां विराजमान रहती है ?

देवी लक्ष्मी कहां विराजमान रहती है ?

एक दिन धर्मराज युधिष्ठिर ने पितामह भीष्म से पूछा, “पितामह ! क्या करने से मनुष्य के दु:खों का नाश होता है ? कोई मनुष्य दु:खी होनेवाला है अथवा सुखी होनेवाला है, यह कैसे समझ सकते हैं ? किसका भविष्य उज्ज्वल होगा और किसका पतन होगा यह कैसे पता चल सकता है ? पितामह भिष्म ने कहां, “पुत्र इस विषय में एक प्राचीन कथा तुम्हे सुनाता हूं ।

एक बार इन्द्रदेव और वरुणदेव सूर्य की पहली किरण निकलने से पहले ही एक नदी के तट पर पहुंचे और उन्होंने देखा की देवर्षि नारद भी वहां आए हैं । देवर्षि नारदजी ने नदी में स्नान किया और मन ही मन में जप करते-करते सूर्य नारायण को अर्घ्य दिया । देवराज इंद्र ने भी ऐसा ही किया । इतने में सूर्य नारायण की कोमल किरणें उभरने लगी और एक कमल पर दैदीप्यमान प्रकाश छा गया । इंद्र और नारदजी ने उस प्रकाशपुंज की ओर गौर से देखा तो उसमे मां लक्ष्मीजी प्रकट हुई थीं । दोनों ने मां लक्ष्मी को अभिवादन किया । देवी लक्ष्मी से पूछा, “मां ! समुद्रमंथन के बाद आप प्रकट हुई थी। लोग आपको पूजते है । हे मातेश्वरी ! आप ही बताइए कि आप किस पर प्रसन्न होती हैं ? किसके घर में आप स्थिर रहती हैं? और किसके घर से आप विदा हो जाती है ? आपकी संपदा किसे मोहित करके संसार में भटकाती है ? और किसे असली संपदा भगवान नारायण से मिलाती है ?”

देवी लक्ष्मीजी ने कहा, “देवर्षि नारद और देवेन्द्र ! आप दोनों ने लोगों की भलाई के लिए, मानव-समाज के हित के लिए प्रश्न किया है । इसलिए सुनो । पहले

मैं उनके पास रहती थी, जो पुरुषार्थी थे, सत्य बोलते थे, वचन के पक्के थे अर्थात बोलकर मुकरते नहीं थे । कर्तव्यपालन में दृढ थे । अतिथि का सत्कार करते थे । निर्दोषों को सताते नहीं थे । सज्जनों का आदर करते थे और दुष्टों से लोहा लेते थे । जबसे उनके सद्‌गुण दुर्गुणों में बदलने लगे, तबसे मैं आपकेपास देवलोक में आने लगी ।

समझदार लोग उद्‌योग से मुझे प्राप्त करते हैं। निर्धनों को धन दान कर मेरा अर्थात लक्ष्मी का विस्तार करते हैं। संयम से मुझे स्थिर बनाते हैं और अच्छे काम के लिए मेरा उपयोग कर ईश्वरप्राप्ती के लिए प्रयत्न करते हैं। जो सूर्योदय से पहले स्नान करते है, सत्य बोलते है, वचन में दृढ रहते है, कर्तव्यपालन करते है, बिना कारण किसी को दंड नहीं देते, जहां उद्‌योग, साहस, धैर्य और बुद्‌धि का विकास होता है और ईश्वर की प्राप्ती के लिए प्रयास करते है, वहां मैं निवास करती हूं । जो लोग सरल स्वभाव के होते है, किसी को हानी नहीं पहुंचाते, दृढ भक्ति करते है, मृदुभाषी होते है, नम्र होते है, जिनमें विवेक होता है, तत्परता यह सद्‌गुण जिस घर के व्यक्तियों में है, वहां मैं निवास करती हूं ।

जो सुबह झाडू-बुहारी करके घर को स्वच्छ रखते है, ईश्वर को अच्छा लगे ऐसा आचरण करते है, तथा जिनकी प्रत्येक कृति से अन्यों को आनंद मिलता हो, ऐसे लोगों के घर ही लक्ष्मीदेवी को रहना अच्छा लगता है ।

जो लक्ष्मी को स्थिर रखना चाहते है, उन्हे रात्रि को घर में झाडू-बुहारी नहीं करनी चाहिए । हे देवेन्द्र ! जिनमें अहंकार नहीं है, उन पर मैं सदा प्रसन्न रहती हूं । उनके जीवन में भाग्यलक्ष्मी के रूप में विराजती हूं ।'' स्वयं देवी लक्ष्मी से यह बातें ज्ञात होने पर देवर्षि इंद्रदेव ने देवी महालक्ष्मी के चरणों मे कृतज्ञता व्यक्त की ।

लक्ष्मीपूजन के दिन ही भगवान श्री विष्णुजीने देवी लक्ष्मीजी सहित सर्व देवताओं को राजा बली के बंदीगृह से मुक्त किया था । आज पूजन के समय एक चौकीपर अक्षतों का स्वस्तिक बनाते है । उसपर लक्ष्मीजी एवं कुबेर की प्रतिमा रखते है । लक्ष्मीजी को धनिया, गुड, खील-बताशे का भोग लगाते है । धनिया धनवाचक है तथा खील समृद्‌धि का प्रतीक है । 'उस रात लक्ष्मीजी सर्वत्र संचार कर स्वयं के निवास योग्य स्थान खोजती है', ऐसा पुराणों में बताया गया है । उन्हें कहां रहना अच्छा लगता है ?, इसकी कथा अभी,हमने सुनी ही है । 'हमारे घर लक्ष्मीजी वास करे', ऐसा आपको लगता है ना ? तो आप स्वयं में सद्‌गुण लाने का निश्चय करें, यही खरा लक्ष्मीपूजन है ।

आज के दिन नई झाड़ू लेकर मध्यरात्री में घर बुहारा जाता है । कचरा अर्थात अलक्ष्मी ! केवल आज की ही रात कचरा बाहर फेंकते है अर्थात अलक्ष्मी को बाहर निकालते हैं। अन्य किसी भी समय हम रात्री में कचरा बाहर नहीं फेंकते है ।

13

प्रभु श्रीराम तथा लक्ष्मण द्वारा मारीच और सुबाहु का वध !

प्रभु श्रीराम तथा लक्ष्मण द्वारा मारीच और सुबाहु का वध !

प्राचीन काल में ऋषि-मुनियों के यज्ञ में राक्षस बाधा उत्पन्न करते थे । उस समय ऋषि विश्वामित्र बडा यज्ञ कर रहे थे तथा राक्षस उनके यज्ञ की अग्नि में मांस, रक्त आदि डालकर उसे अपवित्र कर देते थे । इसलिए महर्षि विश्वामित्र ने अयोध्या में राजा दशरथ से सहायता मांगी तथा यज्ञ की रक्षा के लिए उनके पुत्र प्रभु श्रीराम को साथ भेजने के लिए कहा । महाराज दशरथ की आज्ञा से प्रभु श्रीराम बंधु लक्ष्मण के साथ ऋषि विश्वामित्रजी के गुरुकुल पहुंचे । उन दोनों को महर्षि विश्वामित्र ने अनेक प्रकार के अस्त्र-शस्त्र प्रदान किए ।

एक दिन ब्राह्म मुहूर्त में उठ कर, अपने नित्यकर्म तथा सन्ध्या-उपासना पूरी करने के बाद राम और लक्ष्मण गुरु विश्वामित्र के पास गए और उनसे बोले, गुरुदेव ! कृपा करके हमें यह बताइये कि दुष्ट राक्षस यज्ञ में विघ्न डालने के लिये किस समय आते हैं । यह हम इसलिये जानना चाहते हैं कि यज्ञ की रक्षा में हम पूर्णतः सिद्ध हो जाएं । कहीं ऐसा न हो कि हमारे अनजाने में ही वे आकर उपद्रव मचाने लगें । राक्षस कब आते है यह जानकर हम सतर्क हो जाएंगे ।

राजा दशरथ के वीर पुत्रों की यह उत्साह से भरी बातों को सुनकर वहां पर उपस्थित सारे ऋषि-मुनि अत्यंत प्रसन्न हुए और बोले, हे रघुकुल के भूषण राजकुमारों ! यज्ञ की रक्षा करने के लिए तुमको आज से छः दिन तथा रात्रि

तक पूर्ण रूप से सावधान मुद्रा में और सजग रहना होगा । इन छः दिनों मे गुरु विश्वामित्र जी मौन रहकर यज्ञ करेंगे । इस समय में आपके किसी भी प्रश्न का उत्तर नहीं देंगे क्योंकि वे यज्ञ का संकल्प कर चुके हैं ।

छः दिन और छः रात्रि तक यज्ञ की रक्षा करने की यह सूचना मिलते ही राम और लक्ष्मण दोनों भाई अपने समस्त शस्त्रास्त्रों से सुसज्जित हो गए । पांच दिन और पांच रात्रि तक श्रीराम और लक्ष्मण निरन्तर बिना किसी विश्राम के सतर्कता के साथ यज्ञ की रक्षा करते रहे । इन पांच दिन तथा रात्रि में यज्ञ में किसी भी प्रकार की विघ्न अर्थात बाधा नहीं आई ।

छठवें दिन राम ने लक्ष्मण से कहा, भाई सौमित्र ! यज्ञ का आज अन्तिम दिन है और उपद्रव करने के लिए राक्षसों की आने की पूर्ण सम्भावना है । आज हमें विशेष रूप से सावधान रहने की आवश्यकता है । तनिक भी असावधान हो गए तो गुरुदेवजी का यज्ञ और हमारा सारा परिश्रम निष्फल और निरर्थक हो सकते हैं ।

राम ने लक्ष्मण को अभी सतर्क किया ही था कि उसी समय यज्ञ के लिए जो सामग्री, चमस, समिधा आदि आश्रम में रखे थे, वह अपने आप भभक उठे । अचानक आकाश से मेघों के गरजने की आवाज आने लगी । सैकडों बिजलियां तडकने की आवाज आने लगी । उसके बाद मारीच और सुबाहु की राक्षसी सेना यज्ञ के स्थान पर रक्त, मांस, मज्जा, अस्थियों आदि की वर्षा करने लगी । यज्ञ में बाधा आ रही है यह देखकर श्रीराम ने उपद्रवकारियों की ओर देखा । तब आकाश में मायावी राक्षसों की सेना को देख कर राम ने लक्ष्मण से कहा, 'लक्ष्मण ! तुम धनुष पर शर-संधान करके सावधान हो जाओ । मैं मानव अस्त्र चलाकर इन महापापियों की सेना का अभी नाश कर देता हूं ।

यह कह कर राम ने अत्यंत फुर्ती और कुशलता का प्रदर्शन करते हुए उन पर मानवास्त्र छोडा । श्रीराम ने छोडा हुआ वह मानवास्त्र आंधी की गती से जाकर मारीच की छाती में लगा । अस्त्र के वेग के कारण मारीच उडकर चार सौ कोस दूर समुद्र के पार लंका में जा गिरा । इसके पश्चात् राम ने आकाश में आग्नेयास्त्र फेंका जिससे अग्नि की एक भयंकर ज्वाला निकली और उसने सुबाहु को चारों ओर से घेर लिया । इस अग्नि की ज्वाला ने क्षण भर में उस महापापी सुबाहु को जला कर भस्म कर दिया । जब उसका जला हुआ शरीर पृथ्वी पर गिरा तो एक बडे जोर का धमाका हुआ । उसके आघात से अनेक वृक्ष टूट कर भूमि पर गिर पडे । मारीच और सुबाहु पर आक्रमण समाप्त कर के राम ने बचे हुए राक्षसों का नाश करने के लिये वायव्य नामक अस्त्र छोड दिया । उस अस्त्र के प्रहार से राक्षसों की विशाल सेना के वीरों की मृत्यु होकर वे ओलों की भांति भूमि पर गिरने लगे ।

इस प्रकार थोडे ही समय में सम्पूर्ण राक्षसी सेना का नाश हो गया। चारों ओर राम की जय जयकार होने लगी तथा पुष्पों की वर्षा होने लगी।

निर्विघ्न यज्ञ समाप्त करके मुनि विश्वामित्र यज्ञ वेदी से उठे और राम को हृदय से लगा कर बोले, 'हे रघुकुल नंदन ! तुम्हारे बाहुबल के प्रताप और युद्ध कुशलता से आज मेरा यज्ञ सफल हो गया है। उपद्रवी राक्षसों का विनाश करके तुमने वास्तव में आज सिद्धाश्रम को कृतार्थ कर दिया।'

14

नरकासुर वध !

नरकासुर वध !

आज की यह कहानी दीपावली से संबधित है । भागवत पुराण में बताए अनुसार, भगवान श्रीविष्णु ने वराह अवतार धारण कर भूमि देवता को समुद्र से निकाला था । इसके बाद भूमि देवता ने एक पुत्र को जन्म दिया । उसका नाम भौम था । पिता एक परमदेव और माता पुण्यात्मा होने पर भी पर भौम क्रूर था, इसलिए उसका नाम भौमासुर पड गया । वह पशुओं से भी अधिक क्रूर और अधर्मी था । जैसे जैसे उसकी आयु बढ रही थी वैसेही उसकी क्रूरता भी प्रतिदिन बढती गई । वह सबको नरक जैसी यातनाएं देता था । उसकी इन्हीं करतूतों के कारण ही उसका नाम नरकासुर पड गया ।

नरकासुर प्रागज्योतिषपुर का राजा था । उसने ब्रह्माजी की घोर तपस्या कर के वर प्राप्त कर लिया था कि उसे कोई देव-दानव-मनुष्य कोई नहीं मार सकेगा । कुछ दिनों तक तो नरकासुर अच्छे से राज्य करता रहा, किन्तु कुछ समय बाद उसके सारे असुरी अवगुण उभरकर बाहर आ गए । उसने इंद्रदेव को हराकर उन्हें नगरी से बाहर निकाल दिया । नरकासुर के अत्याचार से देवतागण त्रस्त हो गए । नरकासुर ने वरुण का छत्र, अदिति के कुण्डल और देवताओं की मणि छीन ली और त्रिलोक विजयी हो गया । उसने पृथ्वी की सहस्रों सुन्दर कन्याओं का अपहरण कर उनको बंदी बनाया और उनका शोषण करने लगा ।

नरकासुर के अत्याचार से त्रस्त हुए देवराज इंद्रदेव द्वारकाधीश भगवान श्रीकृष्णजी के पास गए । उन्होंने श्रीकृष्ण से प्रार्थना की, "हे श्रीकृष्ण ! प्रागज्योतिषपुर के दैत्यराज भौमासुर के अत्याचार से देवतागण त्राहि-त्राहि कर रहे हैं । क्रूर भौमासुर ने वरुण का छत्र, अदिति के कुण्डल और देवताओं की मणि

छीन ली है। वह त्रिलोक विजयी हो गया है। भौमासुर ने पृथ्वी के कई राजाओं की अतिसुन्दर कन्याओं का हरण कर उन्हें अपने बंदीगृह में डाल दिया है। प्रभु, अब आप ही हमारी रक्षा करें।

भगवान श्रीकृष्णजी ने इंद्रदेव की प्रार्थना स्वीकार की। वे अपनी पत्नी सत्यभामा को साथ लेकर गरुड पर सवार हुए और प्रागज्योतिषपुर पहुंचे। वहां पहुंचकर भगवान श्रीकृष्ण ने अपनी पत्नी सत्यभामा की सहायता से सबसे पहले मुर दैत्य और उसके छः पुत्र- ताम्र, अंतरिक्ष, श्रवण, विभावसु, नभश्वान तथा अरुण का संहार किया।

मुर दैत्य का वध हो जाने का समाचार सुनकर भौमासुर अपने अनेक सेनापतियों और सेना को साथ लेकर युद्ध के लिए निकला। भौमासुर को देव-दानव-मनुष्य नहीं मार सकता था; परन्तु उसे स्त्री के हाथों मरने का शाप था। इसलिए भगवान श्रीकृष्णजी ने अपनी पत्नी सत्यभामा को सारथी बनाया और घोर युद्ध में सत्यभामा की सहायता से उसका वध किया। उसे मारकर श्रीकृष्णजी ने अपने माथे पर रक्त का तिलक लगाया। अंत समय में नरकासुर ने भगवान श्रीकृष्णजी से कहा , 'आज के दिन जो कोई ब्राह्ममुहुर्त पर मंगल स्नान करेगा, उसे कोई भी दुःख नहीं होगा, ऐसा वचन मुझे दीजिए।' भगवान श्रीकृष्णजी ने उसे वैसा वर उसे दिया।

इस प्रकार भौमासुर को मारकर भगवान श्रीकृष्णजीने उसके पुत्र भगदत्त को अभयदान दिया और उसे प्रागज्योतिष का राजा बनाया।

भौमासुर के द्वारा हरण कर लाई गई १६ सहस्र कन्याओं को श्रीकृष्ण ने मुक्त कर दिया। ये सभी अपहृत कन्याए दुःखी और अपमानित थी।

उस समय में भौमासुर द्वारा बंदी बनाई गई इन नारियों को कोई भी अपनाने को तैयार नहीं था, तब भगवान श्रीकृष्णजी ने सभी को आश्रय दिया। उन सभी को श्रीकृष्ण अपने साथ द्वारकापुरी ले आए। सर्व स्त्रियों ने भगवान श्रीकृष्ण की आरती उतारी। द्वारकानगरी में वे सभी कन्याएं स्वतंत्रता से अपनी इच्छानुसार सम्मानपूर्वक रहने लगी।

नरकासुर वध का दिन कार्तिक कृष्ण पक्ष चतुर्दशी का था। इस दिन भगवान श्रीकृष्णजी ने नरकासुर का नाश किया इसलिए इसे 'नरकचतुर्दशी' कहते हैं। नरकासुर ने मांगे वर के अनुसार इस दिन ब्राह्ममुहूर्त पर अभ्यंग (मंगल) स्नान करने का महत्त्व है। इस दिन साथ ही नरकासुर के वध के प्रतीक के रूप में लोग पैर से कारीट नाम का फल कुचलते हैं।

15
भगवान श्रीकृष्ण द्वारा अर्जुन को उपदेश !

भगवान श्रीकृष्ण द्वारा अर्जुन को उपदेश !

यह महाभारत काल की बात है । धर्मराज युधिष्ठिर सात अक्षौहिणी सेना के स्वामी थे । वे कौरवों के साथ युद्ध करने को तैयार हुए । पहले भगवान श्रीकृष्ण अत्यंत क्रोधी दुर्योधन के पास दूत बनकर गये थे । उन्होंने ग्यारह अक्षौहिणी सेना के स्वामी दुर्योधन से कहा, 'दुर्योधन तुमने पांडवों के साथ द्यूत क्रीडा में उनसे उनका इंद्रप्रस्थ छीन लिया था । अब उनका १२ वर्ष का वनवास और एक वर्ष का अज्ञातवास समाप्त हो चुका है, इसलिए तुम्हें उनका इंद्रप्रस्थ उन्हें लौटा देना चाहिए । परंतु दुर्योधन इंद्रप्रस्थ लौटाने को तैयार नहीं था, तब भगवान श्रीकृष्ण ने पांडवों को पांच गांव देने की मांग की; परंतु श्रीकृष्ण की बात सुनकर दुर्योधन ने क्रोध से कहा, 'मैं उन्हें सुई की नोक के बराबर भूमि भी नहीं दूंगा; हां, मैं उनसे युद्ध अवश्य करूंगा।'

ऐसा कहकर आवेग से दुर्योधन भगवान श्रीकृष्णजी को बंदी बनाने के लिये आगे आया । उस समय राजसभा में भगवान श्रीकृष्ण ने अपने विश्वरूप का दर्शन कराकर दुर्योधन को भयभीत कर दिया । उसके बाद वहां उपस्थित विदुर ने अपने घर ले जाकर भगवान श्रीकृष्णजी का पूजन और सत्कार किया ।

उसके बाद भगवान श्रीकृष्ण युधिष्ठिर के पास लौट गए और बोले, 'धर्मराज ! आप दुर्योधन के साथ युद्ध कीजिए ।'

अब युधिष्ठिर और दुर्योधन की सेनाएं कुरुक्षेत्र के मैदान में जा डटीं । अपने विरुद्ध पक्ष में पितामह भीष्म और द्रोणाचार्य आदि गुरुजनों को देखकर अर्जुन

युद्ध करने को तैयार नहीं थे । तब भगवान श्रीकृष्ण ने उन्हें अपने विश्वरूप का दर्शन कराया और उनसे कहा, 'पार्थ ! जब धर्म को ग्लानी आती है, तब धर्म की संस्थापना के लिए मैं अवतार धारण करता हूं । कौरवों का साथ देनेवाले भीष्म आदि गुरुजन शोक करने के योग्य नहीं हैं । उन्होंने अपना कर्तव्य निभाने के लिए कौरवों का पक्ष लिया है परंतु वह है तो असत्य का पक्ष ! उनके साथ युद्ध करना ही उचित क्षत्रिय धर्म है । तुम अपने कर्म के फल की चिंता ना करते हुए अपने क्षात्रधर्म का पालन करो । मैंने सूक्ष्मरूप से यह युद्ध जीत ही लिया है । तुम केवल आज्ञापालन कर अपनी साधना करो । हे पार्थ, यदि तुम जीतते हो तो पृथ्वी पर राज करोगे, यदि इस युद्ध में मृत्यु भी पाते हो तो तुम्हे स्वर्ग की प्राप्ती होगी । इसलिए युद्ध का निश्चय कर सिद्ध हो जाओ ।'

श्रीकृष्णजी का यह वचन सुनकर अर्जुन रथ पर आरूढ होकर युद्ध के लिए सिद्ध हो गए । उन्होंने शंखध्वनि की और महायुद्ध आरंभ हुआ । तो, भगवान श्रीकृष्णजी ने बताए अनुसार, किसी भी कर्म के फल की अपेक्षा न करते हुए उचित कर्म करना चाहिए ।

16

भरत का बंधुप्रेम और पादसेवन भक्ति !

भरत का बंधुप्रेम और पादसेवन भक्ति !

आज हम भरत की प्रभु श्रीराम के प्रति भक्ति और बंधुप्रेम की यह कथा सुनेंगे ।

प्रभु श्रीरामजी ने अपने पिता राजा दशरथ की आज्ञा के अनुसार वनवास प्रस्थान किया । जब प्रभु श्रीराम वनवास जा रहे थे, तब उनके छोटे भाई भरत अयोध्या में नहीं थे । भरत अपने ननिहाल मामा के घर गए हुए थे । प्रभु श्रीराम के वन में जाते ही दुःख से राजा दशरथ की मृत्यु हो गई । तब भरत को अयोध्या में लाने के लिए दूत भेजा गया । जब भरत अयोध्या लौटे, तब उन्हें पता चला कि उनकी माता कैकयी ने उन्हें सिंहासन पर बिठाने हेतु बंधु श्रीराम को १४ वर्ष का वनवास दिया है, तब उन्हें बहुत दुख हुआ । अपने बडे भाई श्रीराम को वापस लाने हेतु वे वन में गए ।

उस समय प्रभु श्रीराम, लक्ष्मण और माता सीता चित्रकूट पर्वत पर रह रहे थे । वहां पहुंचते ही भरत श्रीराम की कुटिया में पहुंचे। वहां उन्हें प्रभु राम वनवासी के वेश में बैठे हुए दिखाई दिए । भरत दौडते हुए श्रीरामजी के चरणों पर गिर पड़े ।

भरत अपने बडे भ्राता से बोले, "मैं आपकी शरण मे आया हूं । आप मुझे क्षमा करें । आप अपना अयोध्या का राज्य संभालकर मेरा उद्धार करें । सारे मंत्रीगण, तीनों माताएं और गुरु वसिष्ठ ये सभी यही प्रार्थना लेकर आपके पास आए हैं । मैं आपका छोटा भाई आपके पुत्रसमान हूं । अयोध्या पर राज्य करने का सामर्थ्य केवल आप ही में है । आपका स्थान अन्य कोई नहीं ले सकता । इसलिए आप

अयोध्या लौट चलिए ।" यह कहने के बाद भरत प्रभु श्रीराम से गले मिलकर रोने लगे । वे श्रीरामजी को बार-बार अयोध्या आने के लिए प्रार्थना पूर्वक आग्रह करने लगे ।

तब प्रभु श्रीरामजीने उन्हें बताया, "भरत, मैंने पिताजी को १४ (चौदह) वर्ष का वनवास पूर्ण करने के बाद ही अयोध्या लौटने का वचन दिया है । मैं अभी नहीं आ सकता ।"

वचन की बात सुनकर भरत ने सत्य को स्वीकार किया । उन्होंने श्रीरामजी से कहा, "बंधु, अयोध्या का राज्य चलाने का अधिकार केवल आपका है । आपके वनवास के १४ वर्ष की अवधि तक ही मैं कार्यभार चलाऊंगा, परंतु आपकी चरणपादुकाएं सिंहासन पर रखकर ! कृपया आप अपनी चरण पादुकाएं मुझे दीजिए । आप ही को राजा मानकर आपके प्रतिनिधि के रूप में १४ वर्ष राजकार्य चलाऊंगा । जब १४ वर्ष पूर्ण होंगे, तब आपको पुनः अयोध्या आना ही पडेगा, अन्यथा मैं अपने प्राण त्याग दूंगा ।"

इतना कहकर भरत ने प्रभु श्रीरामजी की चरणपादुकाएं अपने मस्तक पर धारण की और वे अयोध्या लौट आए । उसके पश्चात भरत सेवक के रूप मे राज्यकारभार देखने लगे ।

भरत को प्रभु श्रीरामजी के सामने राजवभैव, राजा का पद, राज्यकारभार चलाने का अवसर इन सभी में कोई रुचि नहीं थी । उन्होंने अपने बडे भाई श्रीरामजी के सामने स्वयं राजा बनना भी तुच्छ माना । १४ वर्ष के बाद जब प्रभु श्रीरामजी पुनः अयोध्या आए, तब भरत ने उन्हें राजपाट सौंप दिया । यह होता है आदर्श बंधुप्रेम !

आदर्श भाई कैसा होना चाहिए, इसका भी यह उत्कृष्ट उदाहरण है । साथ ही भगवान के चरणों के प्रति हमारा भाव कैसे होना चाहिए यह भी हमें इस कहानी से सीखने को मिलता है न ?

17

राधा का चरणामृत !

राधा का चरणामृत !

कृष्ण की बाललीलाएं हम सभी को अच्छी लगती हैं न ? आज हम बालकृष्ण और राधा का एक प्रसंग सुनेंगे।

एक बार गोकुल में बालकृष्ण बीमार हो गए थे। कोई भी वैद्य, औषधि, जडी-बूटी उन्हें ठीक नहीं कर पा रही थी। गोपियों को यह बात पता चली। गोपियां कृष्ण से मिलने आई। कृष्ण की ऐसी स्थिति देखकर सभी गोपियों की आंखों में आंसू आ गए। भगवान कृष्णने उन्हें रोने से मना किया और कहा, "मेरे ठीक होने का एक उपाय है। यदि कोई गोपी मुझे अपने चरणों का चरणामृत पिलाए, तो मैं ठीक हो सकता हूं।"

यह सुनकर गोपियों को बहुत आश्चर्य हुआ। उनके मन में विचार आया कि, श्रीकृष्ण तो भगवान हैं और उन्हें अपना चरणामृत पिलाने से बहुत पाप लगेगा। इसलिए कोई गोपी पाप लगने के डर से अपना चरणामृत नहीं दे रही थी। जब राधा को इस बात का पता चला तो, उसके मन में विचार आया कि किसी भी प्रकार कृष्ण ठीक होने चाहिए। वह उन्हें नीरोगी और स्वस्थ देखना चाहती थी। उसे लगा मुझे कितना भी पाप लगे; परंतु श्रीकृष्ण ठीक होने ही चाहिए। यह सोचकर उसने तुरंत अपने चरण धोकर चरणामृत बनाया और भगवान श्रीकृष्ण को पिला दिया। भगवान वह चरणामृत पीकर तुरंत ठीक हो गए।

इस प्रकार भगवान कृष्ण ने सभी को सिखाया कि, अटूट भक्ति मे बहुत शक्ति होती है। यदि पूर्ण श्रद्धा और आस्था के साथ कोई भी कार्य करेंगे तो वह सिद्ध होता जाता है।

इससे आप के यह भी ध्यान में आया होगा कि कृष्ण को राधा सबसे अधिक प्रिय क्यों थी । क्योंकि राधा हर क्षण कृष्ण का स्मरण करती थी । राधा कृष्ण भगवान पर केवल प्रेम ही नही करती थी, वह कृष्ण से पूर्णत: एकरूप हो गई थी ।

18
प्रभु श्रीरामजीद्वारा देवी अहिल्या का उद्धार

प्रभु श्रीरामजीद्वारा देवी अहिल्या का उद्धार

    ब्रह्माजी की मानसपुत्री थी जिसका नाम अहिल्या था। ब्रह्माजी ने अहिल्या को सबसे सुंदर स्त्री बनाया था। सभी देवता उनसे विवाह करना चाहते थे। अहिल्या से विवाह करने के लिए ब्रह्माजी ने एक शर्त रखी। जो सबसे पहले त्रिलोक का भ्रमण कर आएगा वही अहिल्या का वरण करेगा, ऐसे उन्होंने कहां।

    देवराज इंद्र अपनी सभी शक्ति के द्वारा सबसे पहले त्रिलोक का भ्रमण कर आए। परंतु तभी देवर्षि नारदने ब्रह्माजी को बताया की ऋषि गौतमने इंद्र से पहले त्रिलोक का भ्रमण किया है। नारदजीने ब्रह्माजी को बताया, "हे ब्रह्मदेव, ऋषि गौतमने अपने दैनिक पूजा क्रम में गौमाता की परिक्रमा की है। उस समय गौमाता बछडे को जन्म दे रही थी। वेदों के अनुसार इस अवस्था में गाय की परिक्रमा करना त्रिलोक परिक्रमा समान होता है।" देवर्षि नारदजी की यह बात योग्य थी। इसलिए ब्रह्माजीने इंद्र को छोड देवी अहिल्या का विवाह अत्रि ऋषि के पुत्र ऋषि गौतम से कराया। परंतु इंद्र के मन मे देवी अहिल्या को पाने की इच्छा वैसीही थी।

    एक दिन गौतम ऋषि आश्रम के बाहर गए थे। उनकी अनुपस्थिति में इन्द्र ने गौतम ऋषि के वेश धारण किया और उन्होंने अहिल्या से प्रणय याचना की। इस समय देवी अहिल्याने गौतम ऋषि के वेश में आए इन्द्र को पहचान लिया था। इसलिए अहिल्याने मना कर दिया। इन्द्र अपने लोक लौट रहे थे, तभी ऋषि गौतम भी अपने आश्रम वापस आ रहे थे। इस समय गौतम ऋषि की दृष्टि इन्द्र

पर पडी जिसने उन्हीं का वेश धारण किया हुआ था। यह देख गौतम ऋषि क्रोधित हुए और उन्होंने इन्द्र को शाप दे दिया। इसके बाद उन्होंने अपनी पत्नी को भी शाप दिया। ऋषिने कहां, "तुम सहस्रों वर्षों तक केवल हवा पीकर कष्ट उठाती हुई यहां राख में पडी रहोगी। जब प्रभु श्रीराम इस वन में प्रवेश करेंगे तभी उनकी कृपा से तुम्हारा उद्धार होगा।

उनके चरणों का स्पर्श होने पर ही तुम अपना पूर्व शरीर धारण करके मेरे पास आ सकोगी।" यह कह कर गौतम ऋषि आश्रम को छोडकर हिमालय पर्वत पर तपस्या करने के लिए गए।

गौतम ऋषि के शाप के कारण देवी अहिल्या पत्थर की शिला बन गई। सहस्रों वर्ष बीतने के बाद प्रभु श्रीरामजी का जन्म हुआ। युवा अवस्था में महर्षि विश्वामित्र की आज्ञा से प्रभु श्रीरामजी और लक्ष्मणने ताडका राक्षसी का वध किया। ताडका वध के बाद वे यज्ञ के लिए आगे बढ रहे थे। तब प्रभु की दृष्टी उस विरान कुटिया पर पडी और वे वहां रुक गए। उन्होंने महर्षि विश्वामित्र से पूछा, "हे गुरुवर ! यह कुटिया किसकी है ? ऐसा लगता है की कोई युगों से यहां पर आया नही है। कोई पशु पक्षी भी यहां दिखाई नहीं पडता। इस जगह का रहस्य क्या है। तब महर्षि विश्वामित्र कहते है, "हे राम, यह कुटिया तुम्हारी ही प्रतीक्षा कर रही हैं। यहां बनी वह शिला तुम्हारे चरणों की धूल के लिए युगों से तुम्हारी प्रतीक्षा कर रही हैं।" श्रीरामजी पूछते है, "कौन है यह शिला ? और मेरी प्रतीक्षा क्यों कर रही है। महर्षि विश्वामित्र श्रीरामजी और लक्ष्मण को देवी अहिल्या के जीवन की पूरी कथा सुनाते हैं।

कथा सुनने के बाद प्रभु श्रीरामजी अपने चरणों से शिला को स्पर्श करते है। देखते ही देखते वह शिला एक सुंदर स्त्री में बदल जाती है और प्रभु श्रीरामजी को वंदन करती है। देवी अहिल्या श्रीरामजी से निवेदन करती है, "प्रभु आपके चरणस्पर्श से पावन होकर मेरा उद्धार हुआ है, इसके लिए आपके चरणों में वंदन करती हूं। प्रभु मै चाहती हूं की मेरे स्वामी ऋषि गौतम मुझे क्षमा करें और पुनः अपने जीवन में मुझे स्थान दे।" प्रभु श्रीराम अहिल्या से कहते है, "देवी, जो हुआ उसमें आपकी लेशमात्र भी गलती नही थी और ऋषि गौतम भी अब आपसे क्रोधित नही है; अपितु वो भी आपसे विरह होने के कारण दुःखी है।" देवी अहिल्या पुनः प्रभु श्रीरामजी को प्रणाम करती है। अहिल्या अपने स्वरूप में वापस आते ही कुटिया में बहार आ जाती हैं और पुनः पंछी चहचहाने लगते है।

19

प्रभु श्रीराम की पितृभक्ति !

प्रभु श्रीराम की पितृभक्ति !

प्रभु श्रीराम

यह रामायण का एक प्रसंग है ।

राजा दशरथ ने अयोध्या के सिंहासन पर श्रीराम का राजतिलक करने का निर्णय लिया था । राजा दशरथ के इस निर्णय से उनकी रानियां कौशल्या, सुमित्रा और कैकेयी अति प्रसन्न हुईं ।

रानी कैकेयी के महल मे मंथरा नामक एक दासी सेवा करती थी । श्रीराम के राजतिलक की वार्ता सुनने पर उसने कैकेयी के मन मे जहर भर दिया । मंथरा कैकेयी से बोली, 'श्रीराम के राजा बनने से भरत उनका सेवक बन जाएगा और भरत को राजा की आज्ञा का पालन करना पडेगा । आप राजा से भरत के लिए राज्याभिषेक और राम के लिए १४ वर्षों का वनवास, ये दो वर मांग लीजिए ।'

इधर श्री राम के राज्याभिषेक की तैय्यारी उत्साह से चल रही थी । राज्याभिषेक का मंगल दिन आया । राज्याभिषेक से कुछ समय पूर्व रानी कैकेयी ने दशरथ से दो वर मांगे । एक बार राजा दशरथ को कैकयी ने युद्ध में सहायता की थी तब राजा दशरथ ने प्रसन्न होकर कैकेयी को २ वर मांगने हेतु कहा था; परंतु उस समय कैकयी ने राजा से कहा कि समय आने पर वे दो वर मांग लेंगी । कैकयी ने वही दो वर मांगे । राजा ने वर पूरे करने का वचन दिया हुआ था । इसलिए वह वचनबद्ध थे । रानी कैकयी ने दो वरों में से एक वर से भरत का राज्याभिषेक और दूसरे से प्रभु श्रीराम को १४ वर्ष के वनवास की मांग की । राम का वनवास और

उनका वियोग इसकी कल्पना भी राजा नहीं कर सकते थे ।

उसी समय अयोध्या के प्रधान सुमंत पहुंचे । उन्होंने राजा को कहां 'राजन्, राज्याभिषेक की पूरी तैय्यारी हो गई है ।' राजा दशरथ ने सुमंत से श्रीराम को तुरंत लाने के आज्ञा दी ।

सुमंत का संदेश मिलते ही श्रीराम दशरथजी के महल पहुंचे । वहां पर श्रीराम ने देखा कि राजा दुखी, उदास और चिंतित हृदय से खडे हैं । राजा को ऐसी स्थिती में देखकर श्रीराम भी चिंतित हो गए । उन्होंने रानी कैकेयी को राजा अर्थात पिता के दुखी होने का कारण पूछा ।

कैकेयी ने कहा, "यदि आप राजा के मन की बात का पूरी तरह पालन करोगे, तब ही मैं तुम्हे राजा के मन की बात बताऊंगी ।" कैकेयी के शब्दों से श्रीराम व्यथित हो गए । उन्हें लगा कि उनके पिता को उनकी पितृभक्ति पर संदेह है ।

श्रीराम माता कैकेयी से बोले, "देवी ! मेरे विषय में इस प्रकार के वचन ना बोले । पिता की आज्ञा से मैं आग में भी कूद जाऊंगा । मेरे दाता, गुरु और पिता ने आज्ञा दी तो मै जहाल विष का प्राशन करूंगा अथवा समुद्र में भी कूद जाऊंगा ।

राजा दशरथ की आज्ञा उनके अथवा रानी कैकेयी के मुख से सुनने से पहले ही श्रीराम ने प्राण अर्पण करने की भाषा बोली थी । इससे पता चलता है कि उनकी पितृभक्ति कितनी निष्ठावान थी ।

अपने पिता राजा दशरथ को दुखी देखते ही श्रीराम ने स्वयं के संदर्भ मे संदेह व्यक्त किया । अंत मे श्रीराम ने कैकेयी से कहा, 'जिन्होंने मुझे जन्म दिया है, जिन्हें मैं प्रत्यक्ष देवता मानता हूं, उनकी आज्ञा का पालन मैं अवश्य करूंगा ।

वनवास जाने से पूर्व श्रीराम ने अपने पिता दशरथजी को पिता के आज्ञा का पालन करने का महत्त्व बताया । कहा,' हे तात, देवताओं ने भी पिता को ही देवता माना है । इसलिए देवता समझकर ही मैं आपकी आज्ञा का पालन करूंगा ।

कैकेयी ने राजा दशरथ की आज्ञा श्रीराम को बतायी, 'तुम्हें १४ वर्ष के लिए वनवास जाना है, यही तुम्हारे पिता की आज्ञा है ।'

कैकेयी से यह जानने के पश्चात कोई भी प्रश्न पूछे बिना श्रीराम ने अपनी संपत्ती, ऐश्वर्य और पृथ्वी के साम्राज्य का त्याग कर दिया और एक व्रताचरण के रूप में वनवास चले गए । इस एक घटना के कारण श्रीराम जी की पितृभक्ति आकाश से बडी हो गई । आज भी यह घटना पूरे विश्व को प्रेरणा देती है ।

20

भक्तवत्सल भगवान श्रीकृष्ण !

भक्तवत्सल भगवान श्रीकृष्ण !

भगवान श्रीकृष्ण

यह बात महाभारत के युद्‌ध के समय की है । कुरुक्षेत्र को विशाल सेनाओं के आने-जाने की सुविधा के लिए तैयार किया जा रहा था । बडे हाथी पेडों को उखाडने और जमीन साफ करने के काम में लगाए गए थे । उनमें से एक पेडपर एक चिडिया का घोसला था जिसमें वह चिडिया अपने चार बच्चों के साथ रहती थी ।

जब उस पेड को हाथी ने उखाडा तो उस छोटी सी चिडिया का घोंसला जमीन पर गिर गया । चिडिया डर गई कि उसके बच्चों को कुछ हुआ तो नही । परंतु आश्चर्य की बात थी की उसके बच्चे अनहोनी से बच गए थे । परंतु अभी बहुत छोटे होने के कारण वे उड नहीं पा रहे थे ।

दुर्बल और भयभीत चिडिया सहायता के लिए इधर-उधर देखने लगी । तभी उसे श्रीकृष्णजी अर्जुन के साथ आते हुए दिखे । वे दोनों युद्‌ध के मैदान की जांच करने और युद्‌ध के आरंभ से पहले जीतने की रणनीति बनाने के लिए वे वहां पहुंचे थे ।

उसने कृष्ण के रथ तक पहुँचने के लिए अपने छोटे पंख फडफडाए और किसी प्रकार भगवान श्रीकृष्णजी के पास पहुंची । "हे माधव, मेरे बच्चों को बचाए, कल लडाई शुरू होने पर उनका क्या होगा ?"

सर्वव्यापी भगवन बोले "मैं तुम्हारी बात सुन रहा हूं, परंतु काल चक्र पर किसी का बस नहीं है । मैं प्रकृति के कानून में कोई हस्तक्षेप नहीं कर सकता । यह सुनकर

चिडिया ने कहा "हे भगवान ! आप मेरे उद्धारकर्ता हैं, मैंने अपने बच्चों का भाग्य आपके हाथों में सौंप दिया है । अब आप सोचे उनके साथ क्या करना है ।"

चिडिया ने विश्वास और श्रद्धा के साथ कहा "प्रभु, आप कैसे और क्या करते है यह मैं नहीं जान सकती, परंतु इतना जानती हूं की आप स्वयं काल के नियंता हैं । मैं इस परिस्थिति सहित स्वयं को आपके चरणों में समर्पित करती हूं ।"

भगवान ने चिडिया की ओर देखा और बोले, "अपने घोंसले में तीन सप्ताह के लिए भोजन का संग्रह करो ।" चिडिया ने अपने पंखों को कुछ क्षणों के लिए फुलाया और वह अपने घोंसले में वापस चली गई ।

चिडिया और श्रीकृष्णजी के बीच जब संवाद चल रहा था वह अर्जुन को पता नहीं था ।

दो दिन बाद, शंख के उदघोष से युद्ध आरंभ हुआ । कृष्ण ने अर्जुन से कहा, "पार्थ, मुझे अपने धनुष और बाण दो ।" अर्जुन चौंक गए क्योंकि श्रीकृष्णजी ने युद्ध में कोई भी हथियार न उठाने की शपथ ली थी ।

"आज्ञा दें, केशव ! मेरे तीरों के लिए कुछ भी अभेद्य नहीं है", अर्जुन ने कहा । परंतु श्रीकृष्णजी ने चुपचाप अर्जुन से धनुष लेकर एक हाथी पर निशाना बनाया । उन्होंने वह तीर हाथी के गले की घंटी पर छोडा जिससे वह घंटी नीचे गिरी ।

अर्जुन ने सोचा की केशव एक आसान सा निशान कैसे चूक सकते हैं ? उसने पूछा, "क्या मैं प्रयास करूं ?" श्रीकृष्ण ने अर्जुन को धनुष वापस देकर कहा कि कुछ और करना आवश्यक नहीं ।

परंतु जिज्ञासु अर्जुन ने पूछा, "केशव आपने हाथी को तीर क्यों मारा ? वे बोले, "क्योंकि इस हाथी ने उस पेड को गिराया था जिस पर चिडिया का घोसला था ।"

"कौनसी चिडिया? और हाथी की भी गले घंटी ही टूटी, यह कैसा दंड है ?" अर्जुन ने पूछा । परंतु अर्जुन का प्रश्न टालकर श्रीकृष्णजी ने उन्हें शंख फूंकने का निर्देश दिया ।

युद्ध शुरू हुआ, अगले अठ्ठारह दिनों के युद्ध में पांडवों की जीत हुई ।

जीत के बाद पुन: एक बार श्रीकृष्णजी अर्जुन को अपने साथ उसी क्षेत्र में भ्रमण करने के लिए ले गए । जंग का मैदान शवों से, बेजान सीढियों और हाथियों से अटा पडा था ।

चलते-चलते श्रीकृष्णजी एक निश्चित स्थान पर रुके और एक घंटी जो कि हाथी के गले बांधी जाती थी, उसे देख कर विचार करने लगे ।

उन्होंने कहा, "अर्जुन, क्या आप मेरे लिए यह घंटी उठाएंगे और दूसरी ओर रख देंगे ?"

अर्जुन के समझ में नहीं आया कि इतने विशाल मैदान में श्रीकृष्णजी केवल उस धातु के एक टुकडे को रास्ते से हटाने के लिए क्यों कहेंगे ?

"हां, यह घंटी," श्रीकृष्णजी ने दोहराया । "यह वही घंटी है जो हाथी की गर्दन पर थी और जिस पर मैंने तीर मारा था ।" यह सुनते ही अर्जुन तुरंत वह भारी घंटी उठाने के लिए नीचे झुके । जैसे ही उन्होंने इसे उठाया, चार युवा पक्षी और उसके बाद एक चिडिया उस घंटी के नीचे से निकले । बाहर निकल कर वह मां और बच्चे कृष्ण के इर्द-गिर्द मंडराने लगे और बडे आनंद से उनकी परिक्रमा करने लगे । अठारह दिन पहले हाथी के गले से काटी गई एक घंटी ने चिडियाके पूरे परिवार की रक्षा की थी ।

"मुझे क्षमा करें हे कृष्ण !", अर्जुन ने कहा, "आप जगत्पालक है यह मैं भूल गया था ।"

भगवान ने हाथी के गले की घंटी गिराकर उस चिडिया को उसके बच्चों के साथ रहने का स्थान बनाकर दिया था । इसिलिए भगवान ने उस चिडियाको ३ सप्ताह का अन्न इकठ्ठा करने को कहा था ताकी उसे कहीं बाहर जाना न पडें । तो, सच्ची श्रद्धा रखनेवाले प्रत्येक भक्त की भगवान कैसे रक्षा करते हैं यह आपने देखा न ?

21
गयासुर को मुक्ति देनेवाले भगवान श्री विष्णु !

गयासुर को मुक्ति देनेवाले भगवान श्री विष्णु !

भगवान श्रीविष्णु जगद्पालक है । अपने भक्तों के साथ वह सभी जीवों का पालन करते है । वह करूणाकर भी है अर्थात 'सभी का कल्याण हो' ऐसे उन्हे लगता है । इसलिए अगर किसी मनुष्य से अयोग्य कृती या पाप हुआ हो तो उस पाप से भी मुक्त करते है ।

गयासुर को ब्रह्माजी से भी वरदान मिला था कि उसकी मृत्यु संसार मे जन्म लेनेवाले किसी भी व्यक्ती के हाथों नही होगी ।

अब तो वरदान पाने के बाद गयासुर की शक्ती तो बढ गयी । उसने तीनों लोकों पर अधिकार कर लिया ।

एक दिन वो द्वारका वन से गुजर रहा था । बडी दूरसे आने के कारण वह थक गया था । तब उसने एक महात्मा को तपस्या करते देखा । थके हुए गयासुर को प्यास भी लगी थी । अपनी प्यास बुझाने के लिए गयासुर ने तपस्वी से उनका रक्त मांगा ।

परंतु तपस्वी ने उसे मुक्ति का ज्ञान दिया । उन्होंने कहा, "मुक्ति पाने के लिए तुम बद्रीनाथ में नारायण अर्थात श्री विष्णु के दर्शन लो ।"

गयासुर बद्रीनाथ पहुंच गया । परंतु भगवान श्री विष्णु तो मंदिर में नही थे । उन्हें मंदिर मे न पाकर वह उनका कमलासन लेकर बद्रीनाथ से जाने लगा ।

उसी समय वहां पर श्री विष्णु प्रकट हुए । उन्होंने आकाश में ही गयासुर के केश पकडकर उसे रोक लिया और अपनी गदा से गयासुर पर पहला प्रहार किया । तब गयासुर उसके हाथों मे जो नारायण का कमलासन था उसे आगे कर दिया । जिससे आसन का एक टुकडा बद्रीनाथ के पास गिरा । जिस जगह श्रीविष्णू के कमलासन का टुकडा पडा वह आज 'ब्रह्मकपाल' नाम से प्रसिद्ध है । वहां पर पितृपक्ष मे लोंग पूर्वजों को पिंडदान करते हैं ।

भगवान श्री विष्णु ने गयासुर पर दुसरा वार किया । उस वार के कारण कमलासन का दुसरा टुकडा गिर पडा । वह स्थान 'नारायणी शिला' के नाम से प्रसिद्ध है और वह हरिद्वार मे है । यहां पर भी पिंडदान किया जाता है ।

भगवान श्री विष्णु के तिसरे प्रहार से कमलासन का तीसरा टुकडा भी टूट कर गिर गया । वह स्थान 'विष्णु चरण' या 'विष्णु पाद' के नाम से प्रसिद्ध हो गया । यह स्थान है बिहार की गया भूमि ।

कमलासन के नष्ट होने के बाद गयासुर श्रीमन्नारायण की शरण में गया । उसने भगवान से प्रार्थना की 'हे प्रभु आप मुझे मुक्ति दिजिए ।'

करुणाकर श्री विष्णु ने गयासुर को आशीर्वाद दिया और वे बोले, " जिन तीन स्थानों पर मेरा कमलासन गिरा है, वहां पूजा करने से तुम्हें मुक्ति मिलेगी । इन तीन स्थानों पर पिंडदान करने से उस जीव को मुक्ति मिलेगी ।"

इसिलिए भारत मे बद्रिनाथ के पास होनेवाला ब्रह्मकपाल, हरिद्वार मे नारायणी शिला और बिहार राज्य की गया में विष्णूपाद इन तीन स्थानों पर पितरों के लिए पिंडदान करने का बडा महत्त्व बताया जाता है ।

22

लक्ष्मण द्वारा शूर्पणखा का वध !

लक्ष्मण द्वारा शूर्पणखा का वध !

हमे पता है कि प्रभु श्रीराम विष्णु के अवतार और मर्यादा पुरुषोत्तम थे। उनके अवतार काल मे उन्होंने अनेक राक्षसों का वध किया। श्रीराम और उनके भाई लक्ष्मण ने शूर्पणखा नामक राक्षसी का वध किया। अब हम यह कथा सुनेंगे।

वनवास के समय प्रभु श्रीराम, लक्ष्मण और माता सीता पंचवटी नामक क्षेत्र पहुंचे। वहां पर अपने आश्रम में श्रीरामचन्द्र जी सीता के साथ सुखपूर्वक रहने लगे। एक दिन श्रीराम जी और लक्ष्मण बातें कर रहे थे। उसी समय वहाँ पर रावण की बहन शूर्पणखा नामक राक्षसी आ पहुंची।

राक्षसी श्री राम के तेजस्वी मुखमण्डल, कमल-नयन तथा नीलाम्बुज सदृश शरीर की कान्ति को चकित होकर देख रही थी। श्री राम का मुख सुन्दर था किन्तु शूर्पणखा का मुख अत्यन्त कुरूप था। श्री राम के नेत्र विशाल एवं मनोहर थे किन्तु शूर्पणखा की आँखें कुरूप तथा डरावनी थीं। श्री राम की वाणी मधुर थी किन्तु शूर्पणखा की कर्कश थी। श्री राम का रुप मनोहर था किन्तु शूर्पणखा का रूप वीभत्स एवं विकराल था।

राक्षसी श्री राम के मनोहारी रूप पर मोहित हो गई। वह अपनी इच्छा से स्वयं का रूप बदल सकती थी। राक्षसी मनोहर रूप बनाकर श्री राम के पास पहुंची। प्रभु राम से बोली, "तुम कौन हो ? राक्षसों के इस देश में तुम कैसे आ गए ? तुम्हारा वेश तो तपस्वियों जैसा है, किन्तु हाथों में धनुष बाण भी है। साथ में स्त्री भी है। तुम मुझे अपना परिचय दो।"

श्री राम ने सरल भाव से कहा, "हे देवी, मैं अयोध्या के चक्रवर्ती नरेश महाराजा दशरथ का ज्येष्ठ पुत्र राम हूं । मेरे साथ मेरा छोटा भाई लक्ष्मण और जनकपुरी के महाराज जनक की राजकुमारी तथा मेरी पत्नी सीता है । पिताजी की आज्ञा से हम चौदह वर्ष के लिये वनों में निवास करने के लिये आये हैं । अब तुम अपना परिचय दो । तुम कोई इच्छानुसार रूप धारण करने वाली राक्षसी लगती हो ।"

राम के प्रश्न का उत्तर देते हुए वह राक्षसी बोली, "मेरा नाम शूर्पणखा है । मैं लंका के नरेश परम प्रतापी महाराज रावण की बहन हूं । विशालकाय कुम्भकरण और परम नीतिवान विभीषण भी मेरे भाई हैं । वे सब लंका में निवास करते हैं । पंचवटी के स्वामी खर और दूषण भी मेरे भाई हैं ।

मैं सर्व प्रकार से सम्पन्न हूं और अपनी इच्छा एवं शक्ति से समस्त लोकों में विचरण कर सकती हूं । तुम्हारी पत्नी सीता मेरी दृष्टि में कुरूप और विकृत स्त्री है । वह तुम्हारे योग्य नहीं है । मैं ही तुम्हारे अनुरूप हूं, इसलिए तुम मेरे पति बन जाओ ।"

यह सुनकर श्री राम मुसकाते हुए बोले, "देवी, मैं विवाहित हूं और मेरी पत्नी मेरे साथ है । मेरा भाई लक्ष्मण यहां अकेला है । वह सुन्दर, शीलवान एवं बल और पराक्रम से सम्पन्न है । तुम चाहो तो उसे सहमत करके उससे विवाह कर सकती हो ।"

तदोपरांत शूर्पणखा ने लक्ष्मण के पास जाकर अपने मन की बात बतााई । वह सुन कर लक्ष्मण ने बडी चतुरता से कहा, "सुन्दरी ! मैं प्रभु श्री राम का एक दास हूं । मुझसे विवाह करके तुम केवल दासी कहलाओगी । अच्छा यही है कि तुम श्रीराम से ही विवाह कर के उनकी छोटी भार्या बन जाओ ।"

वह पुनः श्रीराम के पास जा कर क्रोध से बोली, हे राम ! इस कुरूपा सीता के लिए तुम मेरा विवाह प्रस्ताव अस्वीकार कर के मेरा अपमान कर रहे हो । इसलिए पहले मैं इसे ही मार कर समाप्त कर देती हूं ।

इतना कह कर क्रोधित हुई शूर्पणखा सीता पर झपटी । श्री राम ने उसके इस आक्रमण को तत्परतापूर्वक रोका और लक्ष्मण से बोले, इसने जानकी की हत्या ही कर डाली होती । तुम्हें इस राक्षसी का वध करना चाहिए !"

श्रीराम की आज्ञा पाते ही लक्ष्मण ने तत्काल खड्ग निकाला और दुष्टा शूर्पणखा के नाक और कान काट डाले । पीडा और घोर अपमान के कारण रोती हुई शूर्पणखा वहांसे चली गई ।

23

अनंत चतुर्दशी की कथा !

अनंत चतुर्दशी की कथा !

आप कौरवों तथा पांडवों की कथा तो जानते ही हैं । पांडवों के बडे भाई युधिष्ठिर थे । वह इन्द्रप्रस्थ के राजा थे । युधिष्ठिर ने वहां एक ऐसा महल बनवाया था जो कि बहुत ही सुंदर और अद्भुत था । उस महल की विषेशता यह थी कि उसमें जल और स्थल में अंतर ही नहीं दिखाई देता था । जल के स्थान पर स्थल और स्थल के स्थान पर जल के जैसा भ्रम उत्पन्न होता था । उस महल में किसी द्वार की ओर देखने पर ऐसा लगता था कि बाहर तो बहुत मनोरम दृश्य है, परन्तु वहां जाकर पता चलता कि वह तो एक दीवार है तथा जहां द्वार दीवार जैसी दिखाई देती थी, वहां बाहर जाने का द्वार होता था । बहुत सावधानी रखने पर भी बहुत से व्यक्ति उस अद्भुत महल में धोखा खा चुके थे । राजा युधिष्ठिर ने एक बार राजसूय यज्ञ किया । उन्होंने इस यज्ञ में सभी राजाओं तथा अपने परिजनों को आमंत्रित किया था । सभी राजा उस अद्भुत महल को देखकर प्रशंसा कर रहे थे तथा चकित भी हो रहे थे ।

दुर्योधन भी उस यज्ञ मंडप में आया हुआ था । और महल को देखने की इच्छासे वह महल में घूमने लगा । जब वह महल की सौर्न्दयता को निहार रहा था । तब वह एक जल के स्थानको को स्थल समझ कर उसपर चलने लगा, परंतु वह स्थल नहीं जल था और भ्रम के कारण वह उस जल में जा गिरा । यह देखकर द्रौपदी ने उसका उपहास किया और यह देखकर वह बोली कि, 'अंधों की संतान अंधी' । इससे दुर्योधन क्रोधित हो गया ।

यह बात उसके हृदय में बाण के समान लगी । उसके मन में द्वेष उत्पन्न हो गया और उसने पांडवों से बदला लेने की ठान ली । उसके मस्तिष्क में उस अपमान का बदला लेने के लिए विचार उपजने लगे । उसने बदला लेने के लिए पांडवों को द्यूत-क्रीडा में हरा कर उस अपमान का बदला लेने की सोची । उसने पांडवों को जुए में पराजित कर दिया ।

पराजित होने पर प्रतिज्ञानुसार पांडवों को बारह वर्ष के लिए वनवास भुगतना पडा । वन में रहते हुए पांडव अनेक कष्टों का सामना कर रहे थे । एक दिन भगवान कृष्ण जब पांडवों से मिलने आए, तब युधिष्ठिर ने इन कष्टों को दूर करने के बारे में उपाय पूछा । तब श्रीकृष्ण ने कहा – 'हे युधिष्ठिर ! तुम विधिपूर्वक भगवान विष्णु का व्रत करो, इससे तुम्हारे सारा संकट दूर हो जाएगा और तुम्हारा खोया हुआ राज्य पुनः प्राप्त हो जाएगा ।' अनंत चतुर्दशी का व्रत भाद्रपद मास में किया जाता है । यह महाविष्णु की पूजा है ।

इस संदर्भ में भगवान श्रीकृष्णजी ने उन्हें एक कथा सुनाई ।

प्राचीन काल में सुमंत नाम का एक नेक तपस्वी ब्राह्मण था । उसकी पत्नी का नाम दीक्षा था । उनकी सुशीला नाम की एक कन्या थी, जो कि बहुत ही सुंदर और धर्मपरायण थी । कुछ समय उपरांत सुशीला की माता दीक्षा की मृत्यु हो गई ।

पत्नी की मृत्यु के बाद सुमंत ने कर्कशा नामक स्त्री से दूसरा विवाह कर लिया । सुशीला बडी हुई तब उसका विवाह ब्राह्मण सुमंत ने कौंडिन्य नामक ऋषि के साथ कर दिया । विदाई में कर्कशा ने दामाद को कुछ ईंटें और पत्थरों के टुकडे बांध कर दे दिए ।

कौंडिन्य ऋषि दुखी होकर अपनी पत्नी को लेकर अपने आश्रम की ओर चल दिए । परंतु रास्ते में ही रात हो गई । वे नदी तट पर संध्या करने लगे । वहीं वन में सुशीला ने बहुत-सी स्त्रियों को सुंदर वस्त्र धारण कर किसी देवता की पूजा करते हुए देखा ।

सुशीला के पूछने पर उन्होंने विधिपूर्वक अनंत व्रत की महत्ता बताई । सुशीला ने वहीं उस व्रत का अनुष्ठाज किया और चौदह गांठों वाला डोरा हाथ में बांध कर ऋषि कौंडिन्य के पास लौट आई ।

कौंडिन्य ने सुशीला से डोरे के बारे में पूछा तो उसने सारी बात बता दी । उन्होंने डोरे को तोड कर अग्नि में डाल दिया, इससे भगवान विष्णुजी का अपमान हुआ । जिसके फलस्वरूप ऋषि कौंडिन्य दुखी रहने लगे । उनकी सारी सम्पत्ति नष्ट हो गई । जब उन्होंने अपनी पत्नी से इस दरिद्रता का कारण पूछा तो सुशीला ने

अनंत भगवान का डोरा जलाने की बात कहते हुए वह बोली कि यह सब भगवान अनंत के अपमान के कारण ही हो रहा है ।

पश्चाताप करते हुए ऋषि कौंडिन्य अनंत डोरे की प्राप्ति के लिए वन में चले गए । वन में कई दिनों तक भटकते-भटकते निराश होकर एक वह दिन भूमि पर गिर पडे । तब अनंत भगवान प्रकट होकर बोले- 'हे कौंडिन्य ! तुमने मेरा तिरस्कार किया था, उसी से तुम्हें इतना कष्ट भोगना पडा । तुम दुखी हुए । अब तुमने पश्चाताप किया है । मैं तुमसे प्रसन्न हूं । अब तुम घर जाकर विधिपूर्वक अनंत भगवान का व्रत करो । चौदह वर्षोंतक व्रत करनेसे तुम्हारा दुख दूर हो जाएगा । तुम धन-धान्य से संपन्न हो जाओगे । कौंडिन्य ने पूरे विधि-विधानके साथ १४ वर्ष तक यह व्रत किया । इस व्रत के करने से उन्हें सारे कष्टों से मुक्ति मिल गई ।'

श्रीकृष्ण की आज्ञा से युधिष्ठिर ने भी भगवान अनंत का व्रत किया जिसके प्रभाव से पांडव महाभारत के युद्ध में विजयी हुए तथा चिरकाल तक राज्य करते रहे ।

इससे हमने क्या सीखा ? हमने सीखा कि बिना किसी बात को जाने कोई कार्य नहीं करना चाहिए । यदि ऋषि कौंडिन्य अपनी पत्नी से व्रत की महिमा पूछते, तो धागा नहीं तोडते और उन्हें दुःख का सामना नहीं करना पडता । इसलिए बिना सोचे-समझे कोई कार्य नहीं करना चाहिए ।

www.ingramcontent.com/pod-product-compliance
Lightning Source LLC
LaVergne TN
LVHW021737060526
838200LV00052B/3328
9781639971817